幸福婚姻學

宋家玉　著

教你如何修煉婚姻的30堂課

序

婚姻裏面無小事

　　人吃五穀雜糧沒有不生病的，婚姻也是同樣的道理，面對各種因素的影響和形形色色的誘惑，想不出問題恐怕很難，只是嚴重程度不同而已。有些婚姻遇到的問題集中在一些雞毛蒜皮的小事上，這往往是因為婚姻中夫妻雙方存在個性和觀念上的差異，而有些婚姻問題的性質就相當惡劣了，比如其中一方出軌、有家暴行為等。即便是上面提到的「雞毛蒜皮」的小矛盾，若長期得不到解決，也會嚴重影響兩個人的感情，兩人的婚姻也很難維繫，這類情況不在少數。也有一些夫妻之間雖然沒有發生嚴重的肢體暴力，但存在長期的精神暴力，兩人長時間缺乏溝通或相互指責、埋怨，這樣也會使和諧健康的家庭氛圍蕩然無存，更有可能使兩人走向離婚。所以我們要說，婚姻中沒有小問題，要想讓婚姻關係和諧健康，夫妻兩人就需要關注婚姻中出現的問題，積極面對，盡早解決，別讓小問題、小矛盾發展成大問題、大矛盾，到那個時候，恐怕再着急、再想辦法也於事無補。

　　婚姻、男人、女人、家庭、情感、情商、親子、愛情，這些裏面都有很多的「門門道道」，只不過我們之前並不在意這些方面的知識學習和規律探討，在男女交往、婚姻生活、情緒情感方面大家都在「摸着石頭過河」，都在靠自己的經驗去感悟、去體驗。一旦出了問題，我們便無從尋找解決問題的方法，也無法得知問題的性質到底是甚麼，這就好比一個人的身體出了問題，他不知道是怎麼回事，也不知道該如何治療，於是就假裝看不到問題或者悶着頭按自己的想法去治療，結果問題愈來愈大，病情愈來愈嚴重。

　　婚姻問題首先是人的問題，與人的心理和人格密切相關。美國心理學家福斯迪克曾經說過：世界上沒有失敗的婚姻，只有失敗的人，所有婚姻問題都反映出人的本質。福斯迪克所說的人的本質就是人的人格品質。1988 年我赴日本留學，所讀專業是人格心理學，研究的方向正是婚姻心理學，這在當時甚至現階段國內的心理學領域都還處於起步階段。婚姻的好壞受人格的影響非常大，過去人們不太重視，但現在開始慢慢注意到了。

　　為了儘量解釋清楚婚姻問題的基本規律、特點，以及人格與心理對婚姻的影響，我把婚姻心理學的一些基本知識用比較通俗的語言進行闡述，寫成了本書，就是想告訴大家應該從哪些方面來認識婚姻，從哪些層面去關注婚姻的核心問題，然後給大家介紹一些解決婚姻問題的基本方法，希望大家能通過本書對照檢查自己所遇到的婚姻問題，並儘量通過自己的努力去解決問題。本書從心理學的角度，分析了男人和女人對婚姻、家庭、愛情等的不同認識，其中談及男女在「好色」、「出軌」、「說謊」等方面的差異時，僅僅從心理層面做了分析，並不帶任何褒義或者貶義的色彩，也沒有對男性或女性其中任何一個群體進行攻擊。因為寫作水平有限，不當之處請廣大讀者給予批評指正。

宋家玉

目錄 CONTENTS

PART 3
各類婚姻大考驗

PART 4
修煉婚姻大闖關

健康婚姻

面面觀

Lesson 01

婚姻健康
由哪些因素決定

　　每個人都希望自己的婚姻關係是健康的，但婚姻關係的健康與否到底是由哪些因素決定的呢？這恐怕是令多數人深感困惑的問題，也是大家都想搞清楚的問題。

　　婚姻健康與兩個因素有關，一個是心理健康，一個是人格健康。前面提到過，世界上沒有失敗的婚姻，只有失敗的人，所有婚姻問題都反映出人的本質。這裏所說的人的本質指的就是人的人格品質。大家應該有這樣一種基本的認識，那就是心理相對健康、人格相對健全的人，他們的婚姻生活多數是比較幸福和諧的。當然，和諧健康的婚姻關係一定取決於夫妻兩個人，如果兩個人當中只有一個人心理和人格相對健康，而另一個人有問題，那麼他們的婚姻關係也是很難保證的。

　　說實在話，人生活在這個世界上，要說心理完全健康，一點不受損，那是不太可能的，是很難做到的，就像我們的身體，吃五穀雜糧，沒有不生病的。人在社會生活中經歷形形色色的事件，心理上完全不受影響，是不太可能的，所以說能達到心理相對健康和人格相對健全，已經很不錯了。

　　大家對不健康的心理應該並不陌生，最常見的一種就是焦慮。其特徵就是整天擔驚受怕，不是顧慮這個，就是擔心那個，總是提心吊膽、憂心忡忡的，這種人或者說這種心態在現實生活中是很常見的，表現在婚姻生活當中就是對婚姻生活的過分擔憂，甚至是對配偶的極度不信任，整天焦慮不安。

　　第二種不健康的心理是抑鬱，我們周圍，甚至是我們的家庭成員當中有抑鬱心境的恐怕就不乏其人。抑鬱心境的主要特徵是鬱鬱寡歡、愁眉不展，一天到晚沒有快樂的時候。這種狀態肯定會對婚姻生活造成不良的影響，不管家人做甚麼事情，哪怕是讓一家人都高興的事，有抑鬱心境的人也提不起興趣來，這也是一種比較常見的心理問題。

　　還有一種就是強迫，指做事追求極致、追求完美，別人做的事情總入不了他的「法眼」，達不到他的要求，而他自己做事也總會翻來覆去、推倒重來，不達目的誓不罷休，結果弄得自己很辛苦，別人也跟着他受罪。這同樣是一種非常普遍的不健康心理。

　　不健康的心理還有很多很多，它們都會對婚姻關係造成傷害，給婚姻和情感帶來負面影響。下面舉幾個例子。相信大家都看過《紅樓夢》，裏面的林黛玉可謂天生麗質、國色天香，本來她是很招人喜愛的，但她和賈寶玉之間的愛情卻磕磕絆絆、荊棘叢生，為甚麼呢？其實這與她的心理狀態有很大的關係。她總是鬱鬱寡歡、心事重重的，看到花開她就落淚，因為她想到的是花鈴凋落；大家聚在一起把杯問盞、歡聲笑語，她卻坐在一邊暗自垂淚，因為她想到的是聚會過

後的曲終人散……總之，她想的都是很負面的東西，因此會時常感到痛苦、傷心、難過，面對再好的、再快樂的情景，她始終體會不到幸福。若是那個年代有心理醫生能給她做一個心理健康程度的鑒定，我想焦慮症伴隨抑鬱狀態應該是能夠確定的。林黛玉有如此嚴重的焦慮抑鬱心境，大家想想，賈寶玉跟她的關係能好得了嗎？肯定是磕磕絆絆、荊棘叢生的啊，最終也只能以悲劇收場。

做婚姻心理諮詢的人都會有這樣的體會，來尋求幫助的婚姻當事者，一般來說至少有一方多多少少都會有這樣或那樣的心理問題，沒有問題的婚姻障礙求助者少之又少。我曾經見過這樣一對夫妻，丈夫是個非常成功的企業家，他和妻子兩人都經歷了兩次婚姻，妻子人很漂亮、很出眾，年齡也比他小不少。他們是手牽着手進入我的辦公室的，這種情況是我做婚姻諮詢工作二十多年來第一次見到的，所以我對此印象非常深刻。丈夫牽着妻子的手落座以後，我問他們：「你們兩個有甚麼問題嗎？」

　　妻子說無論如何她都要跟丈夫離婚，我問她為甚麼呢？她說她實在受不了丈夫這個人，雖然丈夫對她很好，吃的、用的都照顧得非常周到，也很體貼，可是丈夫在生活中總是強迫自己，在精神上表現得很強勢，就連自己出去和朋友吃個飯也必須徵得他的同意。丈夫經常出差，可是出去後又總擔心漂亮的妻子會出狀況，比如又和誰在一起啦，有沒有出去和誰約會啦等等。他出差回來一下飛機就先給妻子打電話，首先要問清楚妻子跟誰在一起，如果妻子說和張三在一起，那麼他就讓妻子把電話給張三，一定要核實清楚。這樣使得妻子非常非常痛苦，夫妻間連最基本的信任都沒有了，婚姻還能不出現問題嗎？

　　由於這個丈夫有強迫心境和強烈的控制欲，妻子忍受不了，堅決要離婚。雖然丈夫給了妻子非常好的生活條件，但人不僅需要物質保障，精神生活也是非常重要的，丈夫的控制欲那麼強烈，心理狀況那麼差，妻子就算是躺在蜜罐子裏也會被逼出一身毛病的。

　　由此可知，人的心理受損，就會影響到他的婚姻關係，這在現實生活中是很常見的。人格品質，是人身心系統的總和，一個具有高品質人格的人，首先是一個心理健康的人，是自我控制能力比較強的人，是對上、對下、對社會、對家庭能負得起責任的人。但事實上有相當一部分人在人格方面是有瑕疵的，自身存在各種各樣的問題，這就要看問題的嚴重程度了。有的人比較極端，以自我為中心，心胸狹隘，偏執任性；還有的人做事不負責任，自私貪婪，社會公德意識淡薄；還有的人有暴力傾向，夫妻之間出現一些矛盾或分歧，就對

對方暴力相加。肢體暴力是家庭暴力的一種形式，還有一種暴力叫冷暴力，是精神暴力的一種，也會嚴重傷害婚姻關係，表現為動輒就不搭理對方，不跟對方溝通，實際上就是迴避問題，這對婚姻情感的傷害是非常大的，目前這種情況還較為普遍，應該引起大家的高度重視。夫妻之間出現了問題，要及時溝通，做到開誠佈公，把問題搞清楚，積極化解矛盾、消除困頓，這才是最積極的態度。

心理和人格是影響婚姻關係的兩個重要因素，也是婚姻心理學關注的兩個要點，大家也要抓住這兩個要點，去尋找解決的辦法，處理好婚姻關係。

Lesson 02

原生家庭
對年輕人婚姻的影響

任何一個婚姻都有夫妻兩個人各自原生家庭的一些影子，這是不言而喻的，也是婚姻的一個規律。

原生家庭的影響

先來說說生理遺傳方面的因素，我們每個人的長相、氣質應該都與父母有或多或少的相似。

那麼性格方面呢，會不會也有父母的「影子」，也受他們的影響呢？對於這個問題，學界沒有肯定的回答，因為到現在為止還沒有一種方法能夠確認，性格可以通過生物介質遺傳給下一代。但事實卻足以說明，我們每個人的性格特點、情緒特點、認知規律、行為模式等都非常接近我們的父母，這是怎麼回事呢？遺傳心理學和生理心理學認為這是後天的成長環境造就的，也就是說父母給我們提供了最基本的成長環境，他們的一言一行、一舉一動都在潛移默化地影響着我們，使我們一點一滴地學習和借鑒了他們的意識特點和行為規律，因此才造就了性格相似於父母的我們。

人的性格一旦形成是不好改變的。人在甚麼時候才能認識到自己的性格、態度、思維呢？這當然是因人而異的，有些人認識得比

較早，有些人則要遲一些，這與每個人心智的成熟早晚有關。一般來講，進入青春期之後大多數人對自己的性格特點都會有一定程度的瞭解，只是還不十分清晰完整。為甚麼呢？難道還是因為不成熟嗎？這是一方面的原因，更重要的是因為我們沒有得到足夠的鏡面反饋。甚麼是鏡面反饋呢？大家知道，我們想看清自己的樣子需要借助鏡子，不照鏡子我們是無法認識自己的，同樣的道理，我們是個甚麼性格的人，我們的特點、意識、行為習慣等，不通過「照鏡子」我們也很難知曉，這就是所謂的鏡面反饋，其實就是我們在與他人交往過程中得到的反饋，是我們「照鏡子」時形成的「影像」。

年輕的時候，無論我們在跟誰交往，這個「鏡子」給我們的反饋都不太清楚，這與我們的年齡有關，也與我們心智的成熟度有關，當然還有一個更重要的因素，就是與我們交往的對象有關。比如，我們在跟同學交往的時候，由於我們的腦海中沒有這方面的「印象基礎」，缺乏鏡面反饋，因此我們很難看清楚自己到底是怎樣的人。那甚麼叫「印象基礎」呢？說白了，就是「參照物」，爸爸媽媽存在於我們的印象當中，從小我們就習慣了他們的交往模式，包括說話的方式、做事的方式、思維的方式等，這些方式我們喜歡也罷，不喜歡也罷，欣賞也罷，心煩也罷，它都客觀現實地「擺」在那裏，我們迴避不掉。但他們是如何跟他們的同學相處的，我們只知道挺客氣的，但具體的方式、特徵在我們的腦海裏是模糊的，沒有參照依據，也就是沒有「印象基礎」。

　　但是一旦進入婚姻，這種鏡面反饋馬上就顯現出來了。在我們與自己的配偶相處的時候，一遇到點問題或矛盾，我們已經相對固化的情緒、思維就開始起作用，而這些正是原生家庭中爸爸媽媽「教」給我們的，他們當初的相處模式一定會被我們自覺或不自覺地「照搬照抄」。為甚麼呢？因為我們沒有學習過其他的相處模式！我們從小就只見過這一種相處模式，而且它已經刻在我們的腦海裏了，即便我們想用更好的方式來處理自己的婚姻問題，可我們不會啊！在我們跟家人尤其是配偶和孩子相處的時候，這種固有的模式就會跳出來指導我們的行為，這就是「印象基礎」的作用。

　　由於我們跟同學和同事相處時缺乏「印象基礎」，因此即使是自己的性格弱點和行為缺陷很明顯，我們也很難找到「照鏡子」的感覺，很難知曉自己在跟外人交往時到底是甚麼樣子。但我們和親人交

往時，這種鏡面效應是很明顯的，而且它有兩個特點，一是會在不知不覺中把父母的「影子」帶出來，這是因為我們自己對夫妻關係、親子關係印象最深、「理論依據」最強，所以，在我們的婚姻關係中，第一經驗索取對象就是我們的父母、我們的原生家庭；二是能夠在與自己的配偶相處時清楚地看到自己的樣子，這是因為我們在自己的夫妻關係中看到了自己身上帶有的父母的特徵，所以，才能明顯感受到，哦，原來自己的性格脾氣是這個樣子啊！是因為有父母的「影子」做鏡面參照，我們才看清楚了自己在婚姻關係中有那麼多地方像自己的父母。

比如有的父母對自己的孩子要求比較嚴格，好給孩子講道理，一個很簡單的道理，他們總是繞一大圈給孩子解釋，長期下去一定會引起孩子的逆反。這種孩子長大成人，尤其是結婚生子之後，也會用原來父母對自己的這種教育方式來教育孩子。他為甚麼不能用更簡單明瞭的方式呢？原因很簡單，他不會啊！即使有些人意識到父母教育自己的方式有很多問題，不想走父母的老路，但是沒有辦法，他們很難走出父母給他們「鋪好」的「老路」，還是會習慣性地用父母對自己的方式去對待自己的孩子。

還有的父母習慣於冷處理家庭矛盾，兩人動不動就不說話了，冷戰的時間短則幾天幾夜，長則十天半個月，這對孩子的影響也是非常大的。孩子在婚後處理自己的夫妻矛盾時，也很容易照搬父母的做法，因為沒有好的借鑒模式，他們不知道該用甚麼樣的方式去處理夫妻矛盾。

家暴是最容易被模仿和複製的婚姻災難。原生家庭中若有家庭暴力行為，一般來講，這種惡劣行為一定會傳給孩子，傳給男孩子的往往是肢體暴力，即對妻子施暴；傳給女孩子的一般是精神暴力，即對丈夫施以精神虐待或冷暴力，這基本上是個規律。出生在父母有暴力傾向家庭的孩子對家暴是深惡痛絕的，很多孩子從小就會立志，長大了絕不會像自己的父母那樣動不動就大打出手。結果呢，恰恰相反，當他們結婚之後，一旦夫妻間出現一些矛盾或問題，那些自己曾經很憎恨的意識和行為就會湧現在自己的腦海中，用拳頭「教訓」一下對方的念頭更像是一種動力在催促着自己，曾經最憎恨的行為就會變成最熟悉的行為，進而變成最想實施的行為，第一次家暴就是在這樣一種心理鬥爭中形成的。事後，他們就會對自己的行為悔恨不已，會立刻懺悔，向對方賠禮道歉。殊不知，這種行為會愈來愈頻繁，讓人愈來愈上癮，說到底，這與自己的原生家暴家庭有直接的關係。

將原生家庭帶來的負面影響最小化

講了那麼多原生家庭對年輕人婚姻的影響，並不是讓大家就認命吧，只要原生家庭有問題，那我們也沒辦法了，而是要大家提高認識，要認識到原生家庭對年輕人的婚姻可能構成的影響。而認識這種影響有兩個目的，一是要讓大家認真地對待自己的小家庭，別讓自己的小家庭再發生各自原生家庭出現的那些問題，這是第一個警示作用；二是要大家想方設法解決原生家庭給自己帶來的這些負面影響，這才是婚姻心理學要解決的問題，也是大家通過學習需要提高的能力。

　　消除原生家庭給我們帶來的負面影響最好的方法就是選擇一個良好的家庭做「模板」，有良好溝通模式、良好互動模式的家庭肯定是有的，而且就在我們的周圍，鄰居、朋友、同事的家庭都可以，過去我們可能不太留意他們的存在，也沒太在意人家和諧相處到底跟我們有甚麼關係。現在我們要明白，這些人就是我們的老師！其實不用花錢去上甚麼課，也不用花大把的精力去做甚麼調整、覺醒……我們只要跟他們交朋友，當然，交朋友的過程中，我們要知道自己是「有目的」的，就是要學習他們處理婚姻問題的做法和經驗。這種學習是「偷」來的，只有「偷」着學來的東西才是真東西，花錢學來的未必有用，甚至有些課程學着學着就學不下去了。這種學習是自然成長性的，而不是灌輸性的，這點非常重要。

　　說到這個問題，我有一個感受，我不太贊同大家去上一些挺不靠譜的心理課、成長課、激勵課，不是我否定這些課程，而是有些課程說實在話未必靠譜，當然也不排除有些課程很專業，講師也很權威，確實很不錯。但現在很多課程的講課人能說會道，卻沒有很深的理論功底，他們會把一些自己還沒弄明白的道理，用他們比較強的演說能力講出來，讓人接受，其實仔細分析，他們講的根本沒甚麼道理，誘導的成分更大，大家花了不少錢，也耽誤了不少時間，卻沒有得到真正有用的東西。

　　榜樣的力量是無窮的，而且還是廉價的，希望大家找到、找準自己身邊的榜樣，跟他們交朋友，那麼大家的婚姻生活就會從找到榜樣的這一天開始走向光明、走向幸福。

對待婚姻，
男女大不同

男人
如何看待婚姻

　　很多人可能意識不到，男人和女人對婚姻的看法是有所不同的。在男人眼裏，婚姻有兩層意思，第一層是他們將婚姻視為一個必須擁有的存在，而這種存在多半是為了男人的利益而服務的。雖然男人也會不遺餘力地為婚姻奉獻，但他們並不會把婚姻當成甚麼頭等大事，更不會認為婚姻比生命更重要，婚姻在男人眼中的地位和女人眼中相比，差距很大。

　　第二層是男人把婚姻當成後方的保障，使他們「進可攻，退可守」。「進」是打拼事業，但男人不能光在外打拼啊，他們還需要有休息的場所，婚姻和家庭就是他們休息、避難、解困的場所，這就是「退」。

　　男人在婚前婚後的變化能夠充分說明婚姻在他們眼中的重要程度。婚前男人迫切需要婚姻，所以會不顧一切地追求心儀的異性，做甚麼都心甘情願。為了迎合女友的要求，男人可以把手中的工作放下，把各種應酬放下，把任何重要的事情放下，這個時候，滿足和追求女友是男人第一重要的任務，任何事情都可以為此「讓路」。像這樣的良苦用心、百般殷勤會讓女人覺得這個男友太好了，又細心又體貼，所以，女人一定會幸福地期待着跟他走進婚姻，一輩子享受他對自己的呵護。

　　但是進入婚姻之後，男人的注意力就開始有所轉移了，他們大部分的時間和精力會轉移到事業和工作上去，不會天天接送妻子，也不再和婚前一樣每天都圍着妻子轉了，更不可能為了滿足妻子的要求而放下手頭的工作和應酬。別說是岳父母的生日，就連妻子的生日他都可能因為「忙」而忘記，這種情況會隨着結婚時間的長久愈來愈多。當然不是所有的男人都是這個樣子的，但大多數男人有這種變化是不爭的事實。從男人婚前婚後的變化可以看出，婚前，男人視婚姻為一切，為了擁有婚姻男人可以放棄一切；但進入婚姻以後，男人視婚姻為存在，只要存在着就可以了，他們的注意力會轉向其他方面。

　　男人對婚後自身的變化似乎都有合情合理的解釋，一是他們需要工作掙錢養家。雖然現在社會主張男女平等，女人也有自己的工作，但現實中男人承擔的家庭義務往往比女人要重，多數家庭的經濟收入依然主要指望男人，這是客觀事實。二是男人覺得結婚後，愛情就轉變成親情了，兩人開始居家過日子，總不能天天都和談戀愛似的，再說也沒那麼多激情。三就是他的工作壓力太大，整天忙忙碌碌的，回家後就想看看手機、看看電視、吃飯睡覺，其他的對他來說都

是負擔。男人對自己婚後的這些變化，大都用以上三種理由進行解釋。

其實，這些解釋基本上都是藉口，工作忙、打拼事業這是對的，但卻不能是沒有時間照顧家庭的理由。現在很少有單職工家庭，一般來說都是雙職工家庭，夫妻二人都有自己的工作、事業，女人甚至比男人更忙、更累、更辛苦，因為除了工作，女人還要照顧家庭和孩子。

那男人的這些藉口說明甚麼問題呢？說明男人婚後對婚姻、對家庭的態度是有問題的，他們認為結了婚就完成了婚姻的任務，接下來他們就要走出婚姻，出外打拼了，這是男人的一種慣性思維。他們不把婚姻的責任和義務太當回事，會認為只要把錢交給妻子，還回這個家，就是對婚姻的認可了，至於他在外面幹的事，跟婚姻沒關係。但反過來，如果女人也這樣對待婚姻，恐怕大多數男人是不能接受的，他們會認為那是對婚姻的傷害，因此，在婚姻這個問題上，男人的「自私」遠遠高於女人。

講了這麼多男人對婚姻的態度，女性朋友聽起來會很傷心甚至失望吧，會不會覺得既然這樣還不如不找對象、不嫁人呢？其實，也不用這麼悲觀，我在這裏分析情況，不是告訴女性朋友男人不可相信、不可依賴，而是要讓大家想辦法解決這些問題，這就是我們這本書的精華所在，在後面的課程中我會一點一滴教給大家，怎樣才能提高男人對婚姻的責任感，這就要靠婚姻心理學這個武器了。

Lesson 04 女人如何看待婚姻

在如何看待婚姻這個問題上，女人與男人有很大的不同。男人把婚姻看成生命中不可或缺的存在，而女人則把婚姻看作比生命都重要的生存依靠。當然，女人也看重事業，但就事業和婚姻相比較，女人更看重婚姻，如果二者發生衝突，女人寧願放棄事業也要保護婚姻，這是多數女人都會做出的選擇。在女人心目中，婚姻等同於她們的生命，她們做任何事情時都會把保護婚姻、珍愛家庭放在第一位，只有極少數的女人會拿自己的婚姻當兒戲。

上一課我們談到男人進入婚姻以後往往會視婚姻而不見，常常做些違背倫理、傷害婚姻的事，比如婚外調情等。女人也會經常遇到一些類似的事情，比如來自異性的騷擾或挑逗，來自權力、利益的引誘威逼等，她們對這些的第一反應是警覺，隨之是排斥，即使有時會動搖或隨波逐流，但她們首先想到的還是婚姻，是家庭和孩子。

還有一些女人被有婚姻的男人所糾纏，因自身不夠堅定而委身於男人，但對此她們多有愧疚之心，覺得對不起對方的妻子、家庭和孩子。所以，無論是面對自己的婚姻、家庭、孩子，還是面對別的女人的婚姻、家庭和孩子，女人都會有保護的意識，她們的心總是被婚姻這一強大的概念包圍着，婚姻成了女人最大的心事，也是最難逾越的困境。

婚姻，是女人安全的保障

女人為甚麼如此重視婚姻呢？這與女人對婚姻的態度有關。在大多數女人的眼裏，婚姻是她們生存的依靠、安全的保障，即使在當今社會男女同工同酬的大環境下，女人還依然存在着高度依賴男人的意識和思想，婚姻中若自己的收入高於對方，她們內心會產生極度的不平衡感。女人把自己一生的幸福和保障都寄託在婚姻上，一旦婚姻出了問題，她們的生活、安全保障等都會受到影響，所以，女人認為保住了婚姻就保住了一切，這是女人潛意識裏根深柢固的思想。

安全感是女人的軟肋，自然男人也會有安全感不足的問題，但較之於女人來說，幾乎是可以忽略不計的。這個問題我們很容易想明白，一個男人和一個女人在一起，哪個有安全感，哪個沒有安全感，從性別差異上很容易得出結論。安全感幾乎是每個女人都需要面對的問題。舉個簡單的例子，試想一下我們的弟弟、妹妹，或者兒子、女兒，晚上單獨出去，我們最擔心的是哪個？肯定是女孩子嘛！男孩子也會令人擔心，但更多的時候我們是擔心他在外惹事。

再舉個例子，假如一對夫妻離婚了，一般來講男人會廣而告之，恨不得逢人就講，目的就是趕緊找「下家」。而現實中，很少有女人會到處張揚說自己離婚了。為甚麼呢？是因為不安全，她們擔心自己離婚的信息洩露出去，會「招惹」來不少「桃色」是非。女人喜歡低調地對待情感關係，對陌生的、不熟悉的異性，會本能地排斥，這與男人是恰恰相反的。男人認為愈陌生愈好，愈陌生新鮮感和好感愈強。

　　所以，離了婚的女人都不會主動聲張自己離婚的事，就是為了自己的安全，婚姻是女人安全的護身符，沒了婚姻，女人就沒了安全的保障。

要事業還是要婚姻？要孩子還是要房子？

　　中國婚姻諮詢救助網曾經做過一個街頭採訪，詢問不同年齡的男女兩個問題，第一個問題是：有一個非常好的事業，前景光明，待遇優厚，但這份事業與婚姻有衝突，兩者只能選擇其一，你會如何選擇？面對這個問題，男人和女人的回答竟大相徑庭，100% 的女人都選擇了婚姻，放棄了事業，而男人中只有 7% 選擇婚姻，放棄事業，另外 93% 的男人都選擇了事業，放棄了婚姻。第二個問題是：如果離婚了，孩子和房子你要哪一個？同樣，只能選擇其一。結果是 100% 的男人都選擇了房子，而 100% 的女人都選擇了孩子。

　　從對這兩個問題的問答不難看出，面對事業和婚姻的選擇時，女人大多會毫無疑問地選擇婚姻，而面對物質和孩子的選擇時，則會毫不猶豫地選擇孩子。男人在解釋第一個選擇的時候基本上都是一個腔調，「有了事業不愁沒有婚姻」「事業決定婚姻」「沒有事業婚姻也不會幸福」等等；男人對第二個選擇的解釋是，房子沒了，可能以後再也買不起了，而孩子隨時都可以生。女人對第一個選擇的回答是，事業沒了可以再找，錢掙多掙少無所謂，只要婚姻幸福，哪怕生活得艱苦點也沒關係；女人對第二個選擇的解釋是，房子是身外之物，可孩子是自己親生的，房子放棄了不可惜，但放棄孩子絕對做不

到！這就是男女在對待婚姻、家庭、孩子、事業、物質等問題的不同態度：男人很現實，要物質，而女人很感性，要家庭。

我在我的《把脈婚姻》一書裏曾經就男女對待婚姻的態度做過一個比喻：婚姻就像是一個「城堡」，男人和女人進入這個「城堡」以後的想法是不一樣的。女人進入這個「城堡」之後會關上所有的「門窗」，盡情地享受兩個人溫馨甜蜜的世界，即使外邊的世界很精彩，她們也不留戀；而男人和女人恰恰相反，他們進入這個「城堡」之後可以和女人享受短暫的兩人時光，之後會很快打開所有的「門窗」，會留戀外面的花花世界，這是男女非常不同的地方。

法國著名的存在主義作家西蒙波娃在她的《第二性》一書裏寫道：「除了天生的生理性別之外，女性所有的特徵都是社會造成的。」當然男人也一樣，女人的體力較差，當生活中碰到需要體力的

事情時，女人會不自覺地將自己當成弱者，對自由、生存會感到恐懼，所以，她們常常會期盼婚姻能給自己帶來安全感，並心甘情願地服從於婚姻中的男人。進入婚姻以後女人會非常珍惜自己的婚姻，甚至將其視為自己的生命，小心**翼翼**地呵護，不會讓它受到傷害。

從事婚姻諮詢、心理諮詢的朋友們大都有這樣一種認識，那就是前來諮詢或尋求幫助的人絕大多數是女人，男人來做婚姻諮詢或尋求婚姻幫助的很少見。我從事婚姻心理學教學、科研和諮詢工作二十多年，經手的婚姻諮詢案例可以說不計其數，但其中男人找我諮詢的最多不超過十個人，為甚麼差距會這麼大呢？難道婚姻的困惑只有女人有，男人都沒有嗎？當然不是，這只能說明女人更重視婚姻，而且女人往往又是婚姻問題的受害方。當然，這並不是說所有的婚姻問題責任都在男人，而是說在大多數婚姻問題中，男人應負的責任會更多一些。再有就是女人在面對婚姻問題時一般都比較積極，一定會想方設法去解決，而男人在面對婚姻問題的時候往往採取迴避的態度，能拖則拖，能不面對就不面對。這一現象也印證了我們前面提到的兩個結論，一是男人在婚姻家庭方面的責任要大於女人，否則，迴避問題的應該是女人；二是女人比男人更重視婚姻，婚姻出現了問題，誰主動尋求解決的辦法就說明誰更重視婚姻，這是顯而易見的。

另外，女人喜歡拿婚姻作為對外炫耀的資本，女性朋友聚在一起，除了比誰更漂亮、誰更年輕、誰的穿着打扮更時尚外，談論最多的話題應該就是誰的婚姻更幸福了。老公有能力、家庭美滿，這是女人最引以為傲的。這和男人的感受又是不同的，男人的炫耀資本是

有錢、有地位、混得好,男人喜歡用事業、金錢和地位來證明自己的能力。雖說女人喜歡物質,也願意享受物質,但這一切必須有個前提,那就是有個健康的婚姻,如果婚姻不健康,那麼女人即使是躺在金床上也會飽受痛苦、傷心不已。這與男人的體會依然是相反的,男人很少會因婚姻的失敗而一蹶不振,因為他們對婚姻本就沒有那麼上心,他們的心思都在事業上,事業不成功對男人來說才是最大的災難。

我的一位女性朋友,她本人的事業做得很成功,人也很漂亮,氣質非凡。她一直都認為自己的婚姻不會出問題,因為她與丈夫關係很好,丈夫很優秀,兩個人的交流也非常順暢,孩子又聽話懂事,她為此感到非常慶幸。結果,在她45歲的時候,發現丈夫出軌了,這當頭一棒直接把她打得頭昏腦脹,她做夢都想不到這種事會發生在自己身上。後來她沒有心思再去做事,事業一步步受到影響,心理也受到了重大的創傷,最後得了嚴重的抑鬱症,半年時間裏她便從一個氣質非凡的漂亮女人變成了一位白髮蒼蒼的老太太,樣子十分可憐,令人惋惜。

她的問題很有代表性,在婚姻家庭順利的時候,女人如花一般,多姿多采,芬芳絢麗,幹甚麼都有精神。可一旦婚姻出了問題,女人就像被風霜打了一樣,一夜之間就會「凋謝」。所以,女人一定要端正自己對婚姻的態度,婚姻很重要,但女人也不能心中只裝着婚姻,女人同樣需要婚姻以外的社會支持系統,否則就是「跛腿走路」,註定走不長遠。

男人為甚麼都好色

男人為甚麼都好色？這是個很有意思的問題，男人聽到這個說法可能會一笑了之，但女人聽了估計會有不同的感受或不同的看法，有的人可能會質疑怎麼可能所有男人都好色呢，比如身邊的誰誰誰，人家對家庭就很好，對妻子也很好，對朋友尤其是女性朋友也很尊重，一點都不好色。這麼說對不對呢？肯定沒有錯，但是這樣的說法就片面了。有些女性朋友只看到男人表現出來不好色的一面，但他內心的真實想法或者說他的另一面是不會在你面前表現出來的。我可以負責任地告訴大家，尤其是女性朋友們，不好色的男人基本上是不存在的。

我們所說的好色來自本性，是一種生理本能，與道德和意識無關，更不帶任何褒義或貶義的感情色彩。但如果行為越過了倫理尺度，那就是另外的問題了，是要付一定責任的，這和我們這裏說的好色不一樣。好色雖然是男人的劣根性，但並不是所有的男人都會因好色而出問題，男人雖然好色，但若具備管理自己「色」的本事和能力，就可以說是一個好男人。

為甚麼說男人的好色是一種本性呢？這需要從生理和心理兩個層面對男人的性生理和性心理解釋。

　　首先從生理層面來看，人是由精子和卵子結合之後在母體的子宮裏孕育而來的。弗洛伊德把人的性能量稱為力比多，精子和卵子分別為男人和女人的性能量載體。

　　大家知道男人一次形成的精子數量是多少嗎？正常成年男人一次形成的精子數量是數以億計的。女人呢？女人一次形成的卵子一般來說只有一個。那麼男人的精子多長時間會發育成熟呢？健康男人的精子一般情況下幾個小時就可以形成；年齡稍大些和身體狀況差些的男人，也只需要一兩天便可形成，而女人卵子的形成週期則為一個月，女人每個月才排卵一次，這就是男女性能量載體在形成數量和速度上的差距。我們再說說男人的精子和女人的卵子是通過甚麼形式排放的。男人的精子必須通過性生活來排放，而女人的卵子是在不知不覺中排放的，兩次月經之間有幾天是排卵期，在這幾天女人會有一定程度的生理反應，但並不會很明顯，卵子就在這個時期不知不覺被排出了體外。

　　從以上幾點生理上的區別我們不難看出，男人的性能量必須在性意識和性刺激的推動下才能釋放，這個過程非常明顯，且會令男人很興奮、很衝動。因此，在遇到性感、貌美的異性時，男人的衝動是外顯的，常常會情不自禁地表現出來，這種表現往往帶有強烈的主觀性。而女人則大不相同，女人的性能量不需要借助性行為排放，它能夠自然排放，當然，不是說女人就不需要性生活，而是說女人的性反應和男人完全不同，男人的性起可以是瞬間的，只要有刺激馬上就會有反應；而女人的性反應一定要借助情感、溫馨的環境、信任、愛撫

等的配合，沒有這些，女人就不可能有很好的性反應，甚至會產生性厭惡。

從心理層面來看，男人遇到異性，尤其是有姿色的異性時，第一反應還是性，男人會圍繞眼前的異性臆想出很多有關她的性內容、性色彩，比如她的身體、隱私等，男人的這種心理帶有普遍性，只不過他們不會輕易說出口，因為那帶有冒犯性質。男人知道，若自己用色迷迷的眼神欣賞眼前的異性，她們能明顯地感覺到，會對他嗤之以鼻。有修養的男人不會表達出心裏的這種想法，更不會用明顯的好色眼神打量和欣賞女人，但這不代表他就沒有那種心理，只是將其藏在心裏不表現出來而已。

男人的性意識是由視覺產生的，只要見到美麗動人的女人，他們就無法屏蔽那種被視覺帶動起來的遐想。這和女人完全不同，女人見到很帥的異性不會首先想到性。因為她們的性心理不是靠視覺產生和推動的，是靠愛情、情感、信任、喜歡、欣賞、安全、仰慕、環境等多種因素推動的，女人不會一見男人就想到性，這是男女的區別。

　　男人遇到喜歡的異性時，色心、色意或色欲隨即就會產生，男人對此不以為然，並不認為這對異性是一種冒犯甚至是一種傷害，恰恰相反，男人會認為這是一種愛，是對對方的好甚至是施捨。比如很多已婚男人喜歡自己的女同事、女同學、女鄰居，甚至是女下屬、女僱員、女晚輩等，他們不認為這種喜歡是不合適的，更會把這種喜歡充分地展現出來，比如大把花錢、贈送貴重禮物、提供對方並沒有要求的幫助等，其目的一方面是獲取對方的信任和好感，另一方面是給對方暗示。當對方接受了他的一系列「好意」之後，他的色心、色意或色欲便佔據上風，且會尋找機會表現出來。這就是男人的色欲規律。

　　女人完全不理解男人這套色欲規律，一般來說也不可能接受。當然也有接受的，比如女人自己的婚姻有問題，或者受到威逼利誘等，這類女人通常被比喻為「有縫的蛋」，說起來不好聽，但其實，意思還是明確的，就是她們本身在感情或婚姻、心理方面有缺陷，因此才會上男人的當。

　　說白了，男人只要欣賞和喜歡某個女人，會就對方的外貌和身體展開很多想像，這是很多男人的一大愛好。男人一定要調整好心態，樹立健康陽光的兩性交往意識，多運動，多讀書，多跟積極、健康、陽光的人交往，遠離各種不健康的交往環境。物以類聚，人以群分，只要把自己放在積極陽光的環境之中，男人的正向能量就會得到充分的給養。

Lesson
06

女人
也好色嗎

　　上一課講了男人都好色，那麼女人也好色嗎？答案是肯定的，應該說女人好色也是個不爭的事實，不好色就沒有性的交流，也就沒有人類的生存和發展，這是毋庸置疑的。但女人的好色跟男人的好色還是有很大區別的。

女人好色全為「情」

　　男人好色主要圍繞着性，而女人好色主要圍繞着情，當然由情最終也會涉及性。因此可以這樣說，女人的好色是以情感為紐帶的性情統一，而這種統一一旦建立起來，女人就希望一直依賴在這種性情統一的關係上，即婚姻情感關係。男人也不是不喜歡這種統一，而是在實現了這個統一以後，可能又會涉獵或尋覓下一個統一。所以說，女人結婚以後很少會出軌，就是因為女人的性情統一是牢牢維繫在自己丈夫身上的，外面的誘惑再強烈，也很難撬動她的色心。

　　從生理層面來講，兩性相吸是本能。但女人喜歡男人是有條件的，不是針對任何一個男人的，一般要實現兩個對等的喜歡才可能撬動她的色心，一是自己要喜歡對方，二是對方同樣要喜歡自己。

舉個例子，很多男人會對異性有非分之想，只要條件成熟便開始朝思暮想，甚至會動手動腳。但是女人肯定會反抗，會本能地想要保護自己，因為眼前的男人不是自己熟悉的，即使是熟悉的，也不是自己喜歡或愛慕的男人，她們無法接受這種騷擾，會視這種騷擾為對自己的巨大侮辱！

　　男人對女人的這種心理不是很理解，他們會覺得兩人雖然不甚熟悉，也不是甚麼情人關係，但兩性相吸總不會錯吧？為甚麼不能順其自然地去做男女之事呢？難道女人不喜歡這種事嗎？男人的這種困惑正說明他們對女人是缺乏理解的，尤其對女人的性心理是根本不瞭解的。男人的好色可以是無條件的，可以廣泛地指向任何美女，而女人的好色卻是有條件的。如果對一個男人不感興趣、沒有感情、沒有信任感，那麼女人是不會對其動色心的。女人的好色一定是以喜歡、欣賞、信任、相互間的愛慕為基礎，除非女人有自己的想法，想拿色來換取利益，那就是另外一回事了，那不是真的色心，而是手

段。總之，女人的好色是「一攬子工程」，雖然最終也是以性為結果，但前期、中間的過程是非常煩瑣和複雜的。

　　女人的好色必須有安全做保障，沒有安全感，女人的色心是很難被激活的。如果女人喜歡上一個男人，那她一定是信任這個男人。再比如一對熱戀中的情侶，男人可能因衝動想跟女友親熱，激情上來便不顧一切，不管環境是否允許，但女人是不行的，如果環境不安全或者條件不合適，女人會拒絕男人的性色要求，這就是女人在性和色的問題上對安全的重視。

　　譬如，女人進洗手間是一定要關門的，不僅外面的大門要關，裏面的小門也要關，這是女人的本能行為，是對安全的考量。而男人，別說裏面的小門了，就連外面的大門也不會特別注意，大都隨意而為之。再譬如，女人睡覺時一定會拉上窗簾，這也是出於私密與安全的考慮，而男人睡覺很少去拉窗簾，他們沒有這個意識，不怕自己的隱私被別人看見。這些都是男女在隱私和性等方面安全意識上的差距。

　　達爾文的進化論裏談到一個有關男人好色的理論，叫「雄性交配優先原則」。這與動物優勝劣汰的生物進化規律有關，雄性動物是通過和不同的雌性動物交配，來實現它的後代能夠更多更廣地存活的目的，這就是雄性動物的交配原則。達爾文在談到雌性動物的交配原則時，用了「交配保守原則」進行詮釋，即雌性動物為了養育健康的後代，和一個雄性交配完成後，便會本能地拒絕和其他異性交配，因為這樣可能會傷害腹中的「胎兒」，雌性動物本着保護自己孩子的目

的拒絕亂交，所以，看上去雌性動物情感很專一。達爾文的進化論從一個側面給出了雄性動物和雌性動物在性問題上的不同態度，應該說是有一定科學依據的。

　　一對年輕的大學生相戀了一段時間，彼此都很喜歡對方，算是認認真真談戀愛的那種，也有繼續發展下去的打算。這時男孩經常借機想和女孩發生關係，可都被女孩拒絕了。一開始男孩沒有生氣，認為女孩還沒有完全接受他，就繼續加大攻勢。又過了一段時間，男孩去女孩宿舍找她，宿舍裏只有女孩一個人，男孩又蠢蠢欲動，女孩又拒絕了。這次男孩真的生氣了，問她為甚麼不同意，自己可是認認真真對待這份感情的。女孩說兩個人還在上大學，雖然兩人都是認真的，但現在不確定的東西太多，不安全的因素也很多，自己也是認認真真地和他交朋友，也是奔着最終結婚的目的和他交往的，只是，現在就發生這種關係還為時尚早，自己也有點接受不了，想等到以後一切都定了，再把自己交給他。女孩表達完自己的意願之後，認為這是對自己負責，也是對對方負責，應該會贏得男朋友的支持。結果，男孩離開了她。男孩認為女孩不近人情、不通情理，是個古怪之人。女孩非常痛苦，自己確實很愛男孩，難道對自己負責任不對嗎？而且自己這種做法不也是對他負責任嗎？為甚麼非要在這個階段發生這種關係呢？女孩也很受打擊，但她不後悔，她覺得自己的堅守沒有錯，男孩不理解就算了，只能說明他不珍惜自己。

　　從這對年輕人的戀愛故事中，我們也能看出男女在對待性色問題上的態度差異。男孩的要求是可以理解的，「食色，性也」，這

也是人之常情，但女孩的拒絕難道就不合理嗎？站在女孩的角度來看，女孩考慮的是自身的安全，無可厚非。這樣的想法和做法具有一定的代表性，反映了女孩比較重視性安全問題。

美國性學專家阿爾弗雷德在 1948 年出版的《人類男性性行為》（*Sexual Behavior in the Human Male*）和 1953 年出版的《人類女性性行為》（*Sexual Behavior in the Human Male*）兩本書中分別寫道：男人是性的奴隸，不沾性是無法存活的，不管用甚麼樣的方式，男人都必須解決這個問題，性支配着男人從生到死；女人是性的主人，女人需要性，但不會成為性的奴隸，有性的女人會很幸福，無性的女人照樣可以生活，只要有感情，女人就可以幸福地生活。概括起來，阿爾弗雷德的觀點就是男人離不開性，女人離不開情。

兩個小實驗，兩種性色心理

美國性學專家珍妮曾經做過兩個測試。第一個測試，她首先找了一個長得很帥氣的男孩，讓他在校園裏見到女同學就說想約她去喝咖啡，一半的女孩接受了男孩的邀請，但喝完咖啡以後男孩又說想帶女孩去他的宿舍，這時又有一半的女孩拒絕了，男孩對僅剩下的女孩說到了宿舍想和她親熱一番，結果所有的女孩都拒絕了；珍妮又找了一個長相很一般的女孩，讓她在校園裏見了男生就說想請男生去喝咖啡，男生都接受了，然後提出喝完咖啡想帶男生去她的宿舍，男生的回答都是：好啊！女孩說去了宿舍想和男生親熱一下，所有的男生都興高采烈地說：太好了！

這個實驗說明了男女在性色態度上有着很大的差異。為了從生理本能上進一步證明這種差距，珍妮又找來一對中度智障的男女做了第二個測試。首先讓幾個健康正常的男孩在一個智障女孩的面前走過，且做出一些故意挑逗她的動作，結果這個智障女孩被嚇得到處躲藏；珍妮又找了幾個健康正常的女孩在一個智障男孩的面前走過，這幾個女孩一眼都沒有看這個男孩，結果智障男孩卻追着這幾個女孩到處跑。這個實驗從生理本能的角度也證明了男人對性色的反應具有外溢性和攻擊性，而女人對性色的反應具有內斂性和防禦性。

　　明白了女人的性色心理有助於男人更瞭解女人，更尊重女人。明白了女人的生理特點，也能讓男人避免以己之心揣度女人心理，認為女人與自己一樣同樣有性色的要求，結果做出一些過分甚至荒唐的事情，給自己、給他人、給家庭、給婚姻帶來了巨大的傷害。很多婚姻問題就是因為男人讀不懂女人，女人也看不懂男人造成的。我們就是教女人讀懂男人，教男人認識女人，只有男女相互理解和認識了，兩人的關係才能夠健康和諧，結果才可能美好。

Lesson
07

出軌
背後的真相

 男人為甚麼容易出軌

「食色，性也」，男人不認為出軌是對婚姻的背叛，相反，他們視出軌為婚姻生活的補充。男人出軌未必出於對妻子或者婚姻的不滿，很多時候甚至和妻子、婚姻、家庭半分關係都沒有，純粹只是自己的需要，這是絕大多數男人出軌的真實原因。

很多女人在得知丈夫出軌的時候都會提出一個相同的問題，「你在幹那些齷齪事的時候就不想想你的老婆、家人、孩子嗎？」說對了，男人出軌的時候還真不去想，只想着怎麼快樂怎麼來，其他甚麼都顧不上。

俗話說「英雄難過美人關」，我對這種說法是持否定態度的，我想不僅是我，但凡有點正義感的男人都不會認同這一說法，就更不用說女人了。一個男人如果見到一個美女就動心，就過不了「關」，又怎麼能稱得上是個「英雄」！充其量是只「狗熊」！但現實卻又冷冰冰地告訴我們，過不了「美人關」的男人還真是大有人在！上到達官貴人，下到平民百姓，從古至今這樣的「狗熊」層出不窮。美國有位性學專家叫約翰‧莫尼，他曾經做過一個調查，結果顯示大概有

92% 的男人有過婚外不潔交往的經歷，但有婚外性經歷的女性佔不到 23%。他說自己的調查可能不太準確，男人出軌的比例應該還會更高，有些男人並沒有說實話，但女人的出軌比例應該差不到哪裏。

我同意約翰·莫尼的觀點，婚前的男人無所謂婚外性體驗，可是一旦有了婚姻，想讓男人把心和性都維繫在妻子一人身上不是一件很容易的事。男人認為婚外性行為只是為了滿足自己的生理需要，就像喝場酒、吃頓飯這麼簡單，根本不會認為是對情感的背叛或是對婚姻的不忠。

有位醫生，在他所從事的行業中還算小有名氣。但這位醫生的「糜爛私生活」從來就沒停止過。他說從上大學開始就經常外出「開房」，以此來排解學習的壓力。後來他找了個很漂亮的妻子，但依然沒停止過在外偷雞摸狗。他說很多男人都羨慕他的生活，只是沒有他這樣的經濟條件而已。

　　確實如他所說，男人沒幾個不好色的，只是沒有可以滿足色欲的資本或條件，愈是有錢、愈是成功的男人，在私生活方面愈容易出問題，這是不爭的事實。男人一旦有了足夠的條件或資本，想約束住自己不出軌是件很困難的事，除非有強有力的制度或法律約束著他，但現實是即使有這樣成熟的法規、制度，也總有人會想盡辦法鑽漏洞。

　　男人把在外面找女人最多看成是件不太道德的事，社會基本準則在他們的眼裏早就分文不值了。正因如此，愈來愈多的男人才會置法理、道德於不顧，做出大量傷風敗俗、為人不齒的事情。

　　大多數女人對男人放着好端端的家庭不顧，非要選擇婚外的刺激很不理解，尤其是身為他們妻子的女人們，更是詫異，自己很優秀，生理上也沒問題，為何自己的丈夫非得出去找其他女人呢？是自己不能滿足丈夫嗎？還是自己做錯了甚麼？

　　我可以負責任地告訴這些有疑惑的妻子們，你們再優秀、長得再漂亮、性格再溫順、脾氣再好、人再善良，也難擋他們的出軌熱情，因為男人的出軌與妻子根本就沒有一點關係。當然，我們也不否認因妻子的原因導致丈夫出軌這類事情的存在，只是這個比例小得可憐，佔男性出軌總數的不到 1%。有人常用「哪有不吃腥的貓」或「哪有不吃羊的狼」來形容出軌的男人，這樣的說法顯然不怎麼積極，但也不是沒有道理的。貓之所以不吃腥和狼之所以不吃羊，一定不是牠們的本性如此，而是因為條件不允許，只要提供了牠們需要的條件，貓和狼是一定會吃腥和吃羊的。

　　說了這麼多，恐怕會讓女人對男人失望，對婚姻沒了信心，但換個思路想，光讓女人們抱着滿滿的信心，而不對男人的出軌行為有所預防和瞭解，那到頭來受到傷害的依然還是女人。大多數女人在面對丈夫的出軌行為時都無力應對，有的甚至會一蹶不振，對愛情、人生完全失去信心，一輩子沉浸在痛苦中。所以女人們一定要知曉男人的劣根性，瞭解他們的性本能，這樣才能解決男人婚外調情的問題，而不會被這類事情一下擊倒。當然，解決的方法在後面的章節會詳細介紹，這也絕非易事，但前提是要知己知彼，不瞭解男人的出軌心理，就無法跟出軌的男人交流，只能上他的當，被他一再傷害。

　　說到這裏也要順便告誡一下那些被出軌男人「捕獲」到手的婚外女人們，上當最大、受害最深的，其實是你們，出軌的男人沒有說實話的，他們對妻子和家庭說的是一套，對你說的是另一套，目的是兩邊都不放手，可到了萬不得已，他們是會「棄車保帥」的，他們要保的一定是自己的家庭。婚外的女人們，想想你們最後能得到甚麼吧。說到底，造成這一系列災難的始作俑者就是這個出軌的男人。當下 80% 的婚姻家庭災難都是因男人出軌造成的。

怎樣杜絕男人出軌

　　那我們怎樣做才能杜絕男人出軌呢？相信這是妻子們最最關心的問題，這同樣是一個非常重要的課題。我認為也應該讓男人們來學習一下這方面的知識，掌握管理自己色心的辦法，遠離婚外情，保護好自己的婚姻和家庭。

　　男人在婚後都有「捕獵心理」，那他們怎樣才能克服這種心理呢？在講具體方法之前先給大家普及一個知識，男性朋友一定要聽聽。大家聽說過依賴症這個詞吧？我們常說的有酒精依賴、藥物依賴、毒品依賴等，要知道依賴一旦形成，就很難戒掉。其實，出軌也是一種依賴，我們將其稱為婚外性依賴。出軌為甚麼會讓人產生依賴呢？這是因為出軌給人帶來的快感會讓人產生依賴，人是很難抗拒這種快感的，只能被這種快感牽着一步步走向深淵。所以，解決出軌問題的關鍵在於杜絕第一次，這是個根本。在第一次出軌時能懸崖勒馬，讓婚外戀止步於第一次，這是最有效的方法。具體分三個步驟。

　　第一步，激活潛意識。男人，尤其是結了婚的男人在一個特定的場所遇到一個令自己心動的異性時，可能會有想要進一步接近對方的欲望，當然這種接近不是一般意義上的接近，而是兩性關係上的接近。作為已有家室的人，如果有與其他異性進一步發展關係的念頭，這已經是個危險的信號了，若不加以控制，任由念頭變成行動，後果將是災難性的、不可挽回的。因此，一旦這個念頭產生，男人就要在心中用高強度的聲音提醒自己，不要胡思亂想，更不可魯莽行事，否則，後果不堪設想。第一步的作用在於激活潛意識，用覺醒的意識壓制本能的衝動和強烈心理反應。

　　有些男人喜歡在漂亮的異性面前過分表現，這是他們吸引異性的一種特殊手段，在遇到自己喜歡或早就心儀的異性時，男人的熱情會頓時高漲，情緒會有所變化，這也是正常的。但聰明的男人在意識到自己的這種情緒變化時，會注意收斂，因為過於奔放的熱情會讓自

己失態，出醜或出問題的概率會增加，這時男人一定要控制住自己
的情緒，反思一下為甚麼會有這種變化，是甚麼因素讓自己這麼激
動，自己這種亢奮或熱情想要達到甚麼目的，儘量強迫自己去思考這
幾個問題。在思考的過程中，衝動的情緒會得到抑制，欲望強度會有
所降低。

　　第二步，去思考男女心理的差異。在完成第一步自我提醒以
後，男人要及時採取第二步措施。一般來說只要有了想進一步接近異
性的想法，就已經很危險了，此時男人也許礙於面子、環境等因素一
時難以付諸行動，但並不是說他不想進一步採取行動。在這個階段男
人要思考男女的性心理差異，自己對對方有性的需求，對方也有這種
需求嗎？自己希望得到對方，對方同樣也希望得到自己嗎？假如自己
有行為過失，會帶來怎樣的後果呢？由此而引發的一系列問題、事
態自己能應對得了嗎？它可能涉及和影響自己的婚姻關係、夫妻關
係，也會涉及和影響到對方的這些關係，甚至會觸犯法律等，這些方
面自己都有辦法應付嗎？考慮過這些問題後是繼續衝動地想去做，還
是控制自己的欲望，給自己留足後路，不讓自己在衝動中做傻事，想
必男人一定會做出理性的選擇。這是一種高情商的心境調整方法，會
讓男人在衝動行為實施之前用意念約束行為，以使欲望強度進一步
降低。

　　第三步，思考雙方的實際心理承受能力。男人尤其要注意，兩
性之間的某些熱情表達，甚至形成的某種默契，未必就是自己想像的
那種生理方面的相互吸引。同時，男人也一定要清楚，女人思考問題

的中心點是婚姻，她們與男人交往，多半是奔着婚姻去的，而不是簡單玩玩兩性遊戲。你想給她婚姻嗎？如果不想，就別衝動。冒着巨大的風險或許能獲得短暫的快樂，但這一時的快樂會給自己帶來婚姻的災難，值不值得為這點生理快感付出這麼大的代價？這一步的思考叫作干預性思考，其意義在於區分兩性不同的需求，認清真實和假像。如果這三步能連續做下來，那麼大多數男人的性衝動都會得到有效的扼制，也基本上能阻止第一次出軌行為的發生。只要有效地阻止了第一次，相信男人之後不會有出軌問題，更不會產生婚外性依賴。

對於已經有出軌行為的人來說，擺脫婚外性依賴是件很麻煩的事，跟他講道理是不起任何作用的。出軌的人不是不懂道理，只是離不開婚外戀的對象，對其有性依賴罷了。既然是依賴，我們就得先來瞭解一下依賴是怎麼形成的，之後才能想辦法擺脫依賴。

依賴症通常是指人對某種事物或行為帶有強制性的渴求，不做這種事情或不實施這種行為，人就會坐立不安、無精打采，譬如酒精依賴、吸煙依賴、藥物依賴、賭博依賴、手機依賴、網絡依賴、情感依賴、性依賴等。籠統地講，只要對某些事物或行為上癮就可以稱之為依賴症。依賴症都是從初步嘗試開始的，初步嘗試過後，如果沒有受到懲罰或制止，人就會繼續接觸或嘗試，多次之後便會產生關心，進而形成習慣。人對習慣了的行為都有耐受性，自然就會增加這種行為發生的頻率，也會加深行為的程度，久而久之，便會在生理和心理上對這種行為產生依賴，這種依賴被稱為身體依賴，依賴症就此形成。

我研究婚姻心理學二十多年了，還沒聽說過男性出軌者只有一次出軌經歷之後便「金盆洗手」，幾乎都是一而再再而三地出軌。一般情況下，對丈夫的第一次出軌，妻子還是能給丈夫一次改過自新的機會，可是結果往往是丈夫屢教不改，三番五次地出軌。

　　男人為甚麼會一而再再而三地出軌呢？其實就是因為他們已經對婚外性體驗產生了依賴。男人不管出於甚麼原因有了第一次婚外性體驗，如果沒有被發現、被及時制止，那麼接下來肯定會有第二次、第三次，婚外的性體驗最終會形成習慣。接下來他們對婚外性對象在數量以及性愛方式或者約會頻率上的要求不斷升級，且不再對這類行為感到羞恥，從而形成了思想意識上的耐受性，即習以為常，不拿這種事情當回事，甚至認為是很正常、很普通的事情。再往後這種耐受性就會發展成一段時間不找情人就會魂不守舍、六神無主，必須通過婚外性行為才能緩解，婚外性依賴也最終形成。

　　瞭解了婚外性依賴的形成過程，我們就要想辦法解決，解決的方法叫厭惡療法，就是破壞出軌者對婚外性依賴對象的好感程度，戒酒、戒毒等用的都是這種方法。例如，在酒裏放上苦澀的藥物，讓酒癮者飲用，酒癮者會感覺到苦澀難忍，久而久之對酒產生厭惡，最終失去興趣。擺脫婚外性依賴的方法是對婚外性依賴對象的人格做負面客觀的描述。一般來講，婚外性依賴對象除了年齡、長相等個別條件優於妻子外，其他方面往往都遜色於妻子，有的連年齡、長相也未必比妻子好，說到底男人只是圖個新鮮刺激。對婚外性依賴對象做客觀負面的評價，就是要抓住其軟肋進行客觀描述，深化出軌者對婚

外性依賴對象缺點的認識。但這項工作不能由妻子來做，最好找外人來做，比如權威的婚姻心理學家。因為妻子的角色是丈夫非常抵觸的，但權威專家會有專業的方法，而且在角度、角色上都有優勢。情人人格缺陷厭惡療法是一種比較有效的方法，如果再配合其他方面的勸慰和說服工作，出軌者回歸家庭的概率會大大提高。

當然，男人要杜絕出軌還得從培養自身的健康人格、健康心理做起，首先要正確地認識女性，科學地認識兩性關係，這樣才能做到既尊重自己，又尊重女性，也才會杜絕因性色而導致的種種不良行為。

女人如何看待出軌

女人對出軌的看法和男人是大不相同的。女人非常排斥出軌，對出軌可謂深惡痛絕，她們甚至認為好人不會出軌，出軌的都不是好人。女人把出軌這種行為看成是對整個女性群體帶有冒犯或侵害性質的事情，一提到出軌，首先想到的是女人被男人傷害、背叛、拋棄，這是女人對出軌的第一反應。

那女人為甚麼會如此反感出軌呢？這是因為女人在性心理方面都有自我保護的本能。舉個例子來說，假如在大庭廣眾之下，一個男人赤身裸體，女人見了會覺得非常難堪，掩面而過，絕不會駐足觀望，為甚麼呢？因為大庭廣眾之下的赤身男人對女人來說是一種冒犯，女人會感覺受到傷害。但如果換成一個裸體的女人站在那裏，女人看到了都會本能地想上前保護她。這與女人保護、同情同性的心理

有關，也是對自身身為女人的自尊心的保護，這是女人的本能。

但反過來情況就會大不一樣了。假如一個男人在大庭廣眾之下看到另一個男人赤身裸體，男人不會聯想到自己，也不會有自己被褻瀆的感覺，最多只會一走了之，甚至更有一些男人可能會暗自觀察是否有女人在觀看這一裸體男人，以從中尋找刺激感。如果男人看到的是一個裸體女人，那他們是不會放過這個「千載難逢」的欣賞機會，多數會長時間駐足觀望。其實裸體和出軌在性質上有相同之處，都涉及個人和他人的隱私，面對這種性隱私，女人是排斥的，會有保護自己和保護同性的想法，而男人會欣賞，甚至快慰自己。

女人面對或聽說一個男人有出軌行為的時候，無論這個男人是誰，都會對其嗤之以鼻，認為他不負責任、背叛妻子、背叛婚姻和家庭。但如果聽說出軌的是一個女人，那她們首先會表示出對這種行為的不理解，會探究她為甚麼要出軌，甚至會武斷地下結論，「一定是她老公對她不好，否則她是不會出軌的。」女人在這種假設的前提下會同情這位出軌的女人。

我見過形形色色的出軌案例，男的女的都有。有位女性朋友，原本有個很好的家庭，老公很優秀，是個出色的外科醫生，她自己的工作也很好，孩子也非常出色。她一直認為自己生活得很幸福，從來沒想過她的婚姻也會遭遇出軌這種事情。當得知丈夫有外遇時，她猶如從天堂跌到了地獄，短短半年的時間就暴瘦了三十多磅。她來找我諮詢，在我面前哭得死去活來，看那樣子她實在是太痛苦了，我感到很心疼，一直在安慰她。她說她無論如何都想不到自己會有今天，她實

在想不明白，她很賢惠，把家、孩子、雙方的老人以及丈夫都照顧得很好，兩人之間、雙方的家庭之間也沒有一點隔閡，可丈夫為甚麼就變心了呢？為甚麼放着那麼好的家庭、那麼好的孩子、那麼好的生活不管，非要出去找別的女人呢？她百思不得其解，非常痛苦。她說，如果換成她，打死都不會出去找外遇，即使現在丈夫背叛了她，她也不會隨隨便便就背叛婚姻、放棄婚姻。

但五年後，在她還沒有離婚的時候，她也出軌了。當時她和丈夫一直處於分居的狀態，兩個人雖然生活在一個屋簷下，可基本上井水不犯河水。就在這種情況下，她也有了婚外情人，這說到底也不能全怨她，畢竟是她丈夫有錯在先的。但這段婚外關係維持了不到兩年，她和婚外情人還是分手了。之後，她又找到我，說現在的她像是行屍走肉，靈魂早就死了，還說她特別痛恨現在的自己，覺得自己早就不是個好女人了。在我看來，她精神非常萎靡，抑鬱症的症狀已經非常明顯了。

　　從她的變化可以看出，一開始她就很排斥外遇，對丈夫有外遇她恨之入骨。之後兩人的婚姻雖然維繫着，但夫妻關係沒有得到很好的改善，她在備受折磨之後也出軌了，估計這裏面應該有報復丈夫的成分，但結果怎麼樣呢？出軌並沒有給她帶來幸福感，也沒有給她帶來有效的幫助，她的狀態仍一天比一天差。

　　這個例子說明外遇對女人來說終究是個傷害，女人對外遇的否定態度是有根據的。到目前為止，我還從來沒聽說過哪個女人說自己喜歡有外遇的生活呢。

　　女人視婚姻如生命，會努力維繫婚姻、維繫家庭。除非有兩種情況，女人才會接受外遇。第一種情況是雖然她不想放棄婚姻，但丈夫不喜歡自己，不拿婚姻當回事。在這種情況下，女人或許會涉獵婚外戀，用婚外戀來補償自己婚內的愛缺失，這是有可能的。第二種情況是女人被一種高強度的外力強迫着，譬如有些女人身在職場，受到了來自利益場的要挾，不得不低頭，但這些女人對外遇不是心甘情願的，是被逼無奈的。

　　女人對婚外戀的懼怕、擔心、痛恨，簡直滲透到骨子裏去了，這確實是她們在婚姻中最擔心的問題。她們中有不少人天天生活在緊張的氣氛當中，一直在誠惶誠恐、提心吊膽地過日子。她們的這種態度基本上代表了女性群體對婚外戀的態度。

男人出軌的規律

當今社會，出軌率之高可謂聞所未聞。結婚前幾年兩人相處可能還很不錯，可日子過着過着，尤其是條件稍有點改善的時候，婚姻中的各種問題就突顯出來了，最大、最突出的就是出軌，簡直防不勝防。所以我覺得很有必要教給大家一些發現出軌行為的技巧，讓大家瞭解出軌的一些規律，這對經營好婚姻、建設好家庭很有必要，先來談談男人出軌的規律。

男人出軌一般是主動性出軌，即在沒有任何前兆，也不存在任何明顯緣由的情況下出軌。男人出軌後的第一個變化就是手機不再像以前一樣隨便亂放了，接打電話或者收發信息也不那麼隨便了，會特別在意和保護他的手機，生怕別人看到他手機上的秘密，這是特別明顯的一點。

第二個明顯的變化是他會經常無緣無故地着急上火，比如某一天他想要出去會情人，但如果這時妻子有事需要他幫一下，哪怕只是讓他晚走一小會兒，他都會急得跟熱鍋上的螞蟻似的，有時甚至會大發雷霆。類似這樣的情況在男人出軌後會經常發生，但妻子不明緣由，只是感覺很委屈，對丈夫的反應感到莫名其妙。

男人出軌後的第三個明顯變化是不再願意和妻子親熱了，夫妻性生活次數明顯減少。男人給出的解釋是累、工作壓力大、身體欠佳等，其實這些都是謊話，真實原因是他把大把的時間和精力都放到了外面，回到家裏自然就沒有這個欲望了。在這裏給大家普及一下男人

性能力方面的知識。男人的工作壓力愈大、身體愈疲勞，愈會通過性生活來發洩，所有那些因為累、工作壓力大、身體疲憊而不願和妻子過夫妻生活的話，基本上都是騙人的，背後一定是有原因的。

所以，瞭解清楚男人出軌的規律有助於及早發現問題、及早採取措施，別等到生米都煮成熟飯了，再來想辦法解決，一切就都為時已晚了。

男人出軌以後還有很多應對妻子的方法，妻子們應該要瞭解。第一個應對方法是死不承認。出軌的男人對於出軌這件事是打死都不會承認的，妻子再怎麼逼問，他也不會承認，除非妻子拿出充分的證據，否則他會反過來指責妻子，說妻子敏感多疑、無理取鬧。如果妻子只是憑藉自己的感覺認為他出軌了，那讓他承認當然是很難的，因為一來他不想就這麼認輸、認錯，二來他不想放棄婚外戀，更不想放棄家庭，因此一定會死不承認，這是出軌男人的第一個應對方法。

　　第二個應對方法是「摸石頭過河」。男人會先試探看妻子知道多少，知道多少他就承認多少。舉個例子，昨天上午男人去酒店跟情人約會的事被妻子知道了，妻子對丈夫一番盤問：「你昨天幹嗎去了？」「我沒幹嗎啊，就正常上班。」妻子再進一步逼問：「上午十點你去幹嗎了？」「沒幹甚麼啊。」還是不承認，因為這時男人不知道妻子已經知道了他開房的事情，所以還是佯裝甚麼都沒幹。妻子繼續逼問：「昨天上午十點你去某某酒店幹甚麼去了？」男人一聽妻子是知道他昨天行蹤的，他會有少許緊張，但還是會立刻找藉口搪塞，他會這樣說：「哦，是的，我忘了，是出來了一趟，去了某某酒店一趟，那是公司讓我去幫着給來訪的外地客人開個房間，你是怎麼知道的？」妻子再繼續追問：「你到了某樓層某個房間後，緊接着有個女人也跟着進去了，你們在裏面待了很長時間，中午退的房，這是怎麼回事？」「哦，是啊，那個客人來了，我們在房間裏談了會兒話，後來我就走了，我們甚麼也沒幹啊，這有甚麼？」反正妻子沒進房間抓到他的現行，他就是不承認出軌的事情。但從妻子和出軌丈夫的對話中我們可以看出一個規律，那就是出軌的男人會根據妻子知道情況的多少進行「交代」，妻子知道多少他吐露多少，沒有真憑實據，他就不承認。

　　第三個應對妻子的方法是大事化小，許諾求饒。在妻子完全掌握了自己出軌事實的情況下，男人不得不承認，也不得不低頭認罪，這時男人的做法一般是承認錯誤，大事化小，小事化了，把出軌說成是一時的糊塗，希望妻子網開一面，給他一次機會，他一定會離開那個女人。還有的出軌男人會寫悔過書、懺悔書或者立下若再出

軌會放棄一切家庭財產的字據等，以此表示自己會痛改前非、重新做人。而實際上，這都是出軌男人的障眼法，不管他寫甚麼、說甚麼都是在糊弄妻子。我做婚姻諮詢工作二十多年，到目前為止我還沒見過一個在第一次出軌被妻子發現後就痛改前非的男人，就這麼絕對。

為甚麼呢？因為男人都有僥倖心理，這次被妻子逮住了，妻子讓他幹甚麼都行，寫甚麼都行，只要放過他這一次，他就萬事大吉了。其實，這和我們坐飛機的心理是一樣的。大家都知道坐飛機很危險，一旦出問題那就是機毀人亡，但為甚麼還有那麼多人去坐飛機呢？那是因為大家都覺得，自己坐的這趟航班不會出問題。男人出軌也會有這種心理，他在做這件事的時候認為妻子一定不會知道，否則，他肯定不會這麼做。

這就是出軌者的僥倖心理，即使被發現了一次，譬如上面所說的被妻子逮住了，他沒有「機毀人亡」，頂多是被給了「違章扣分」的處罰。蒙混過關之後，他還會繼續出軌，歸根到底就是因為他沒有得到應有的懲罰，對他來說沒有任何損失。

女人出軌的規律

接下來我們要講講女人出軌的規律了，估計男人們都比較喜歡這個話題。男女出軌既有共同的特點，也有各自不同的規律，相同的地方是都不想讓對方知道，沒有哪個出軌者會主動吆喝自己出軌了，即使是想離婚了，也不會主動告訴對方自己出軌了，一般會找其他的理由。

　　女人出軌與男人出軌相同的地方有很多，譬如手機的問題、死不承認的態度、出軌後不願再與配偶過夫妻生活等，但也有一些不同之處：一是女人不像男人那樣動輒就着急上火，即使也想趕緊出去會情人，但如果家裏有事情，尤其是孩子纏着不讓走的時候，女人不會發頓火一走了之，她寧願失約於情人，也不會放棄家庭的事情，尤其是孩子的事情。當婚姻家庭和婚外戀產生矛盾的時候，女人會放下婚外戀，先去面對和解決婚姻家庭遇到的問題，這是男女出軌後表現出的最大不同。

　　二是被發現後，只要丈夫能夠原諒自己，女人是能夠真正放下婚外戀的。對女人來說，保住婚姻是最要緊的，而婚外戀並不是甚麼頭等大事。女人考慮最多的是誰對她更重要，如果是家庭婚姻更重要，那她一定會放棄婚外戀，選擇家庭，而不像男人對待婚外戀的態度始終非常曖昧，表面一套，背後一套。

　　女人找婚外戀主要有三個目的，也可以說是三種企圖。一是尋求感情慰藉，這是大多數女人找婚外戀的主要目的，佔的比重非常大；二是追求物質，假如婚外戀的對象能給予女人很多物質方面的關照，女人是很享受這種關照，尤其是對於那些丈夫經濟能力比較差的女人來說；三是滿足自身的性需求，這也是很重要的一部分，女人也需要性，如果她們在婚內得不到丈夫的性愛撫、性關懷，那麼她們也會通過婚外戀來滿足自己這方面的需求。如果這三種企圖都通過婚外戀實現了，那女人原本的婚姻就相當危險了。

　　其實，只要丈夫能對妻子好一點，感情上多投入一點，多給妻子一點關愛，大部分妻子是不會輕易背叛和放棄婚姻的。在妻子眼裏，丈夫不能掙錢沒關係，能力差點也沒關係，畢竟當初與他結婚的時候也沒指望他能發多大的財、當多大的官，但丈夫要把最起碼的用心和關心拿出來給自己、給婚姻，至少得對家庭和孩子負責任。如果沒本事掙錢，又不用心經營婚姻、經營家庭，甚至還整天想着出去拈花惹草，那這樣的丈夫、這樣的婚姻還有甚麼值得妻子珍惜的？

　　如果丈夫方方面面都不行，而婚外戀的男人卻是樣樣全能，那女人不僅僅會出軌，而且很有可能會放棄婚姻。但話又說回來了，女人在外找的那個婚外戀男人也未必是真的全能之人，有可能只是讓女人有這種感覺而已，其實在婚內也跟自己的丈夫沒有二樣，這是太有可能了。

　　我就見過不少這樣的婚外戀案例，舉個非常有代表性的例子。一位女性朋友的丈夫幹甚麼都不行，酗酒後還經常打老婆，掙的工資都不夠他出去亂混的。他整天在網上找異性網友，把自己說成是機關高層，只是家庭不幸，老婆出軌了。結果還真有女人上他的當，與他見面幽會的女人有好幾個。其中一個女網友感冒了，他勸她去醫院，還說陪着她去，那種關心體貼、柔情蜜意讓那個女人直喊幸福。妻子無意間從他的手機裏看到了這些信息，深感震驚！妻子說結婚這麼多年，他從來沒有這樣對待過自己，除結婚之前熱情地追求了一段時間以外，就再也沒有過那種熱情。現在可倒好，把結婚前的那套又搬出來找別的女人了。他是個怎樣的人，妻子太清楚了，網上竟然有

那麼多的女人相信他！妻子生氣地說：活該！這些女人也不是甚麼好東西！

　　站在她的立場，這麼說應該也不為過，但其實上當的這些女人也都是婚內愛缺失的人，他正是抓住了她們的軟肋。結果，兩個巴掌一拍即合，他的企圖就得逞了，且百試不爽，這種現象在目前是相當普遍的。

　　事實證明，女人出軌的結果基本上都是竹籃子打水一場空，最終受害的還是自己，這是個無法迴避的事實，也是婚外戀的規律。所以，奉勸女人一定要自珍自重，千萬不要涉獵婚外戀，否則，只能是搬起石頭砸自己的腳，自作自受。

男人
為何好撒謊

 男人需要謊言做偽裝

男人為甚麼好撒謊，這是一個非常有意思的話題。要說撒謊這事其實也不分男女，男人、女人中都有好說謊的人，但面對婚姻問題時，男人說謊的程度似乎要高於女人，這是誰都不能否認的事實。男人為甚麼在面對婚姻的時候好說謊呢？為甚麼不能實事求是地實說實話呢？

這背後應該是有原因的，在解釋之前，我先給大家舉個例子。一對男女在戀愛談到一定程度的時候，女人往往會把自己過去的戀愛經歷一五一十地告訴對方，包括是否發生過兩性關係。說白了，她們這樣做是為了告別自己的過去，正是因為深愛着現在的男友，所以才會把自己的過去毫無保留地告訴對方，內心透明，愛得明白。而男人呢？男人是絕對不會這樣做的，他們一般都會迴避這個問題，說到過去的兩性關係時，也是輕描淡寫的。這是為甚麼呢？男人為甚麼在這個問題上不如女人真誠坦率呢？這是由兩性的巨大心理差異造成的。

女人這麼做是因為她充分信任了這個男人，從內心認為只要說出自己的過去就能充分證明自己已經告別了過去，認為不管過去發生

過甚麼，都與現在的男友、與兩人的未來無關。如果不把過去的一切告訴他，女人就會認為自己在欺騙現男友，會覺得很對不起他，是對他，也是對自己未來的婚姻不負責任。過去的都過去了，兩人在一起，一切都是新的開始，這是女人的心理。

而男人在這個問題上的考慮是完全不同的，他們對自己喜歡的異性有非常強烈的佔有欲，而且這種佔有欲是排他的。女人對男人的這種心理並不十分瞭解，經常以自己之心度男人之腹，認為自己不在意對方的過去，那對方也和自己一樣，不會太在意自己的過去，只要自己把過去的事情講清楚說明白了，兩個人就都能放下所有顧慮一切從頭開始了。這是大錯特錯！很多的婚姻災難或說男人的出軌都是因為男人在婚前知曉了女人的過去引起的。或許當時他甚麼都不會說，反感情緒也並不那麼明顯，但當兩人進入婚姻後，他便會開始「秋後算帳」。他的心裏根本裝不下這種事，他認為女人曾經背叛了他，曾經做過對不起他的事，因此一有機會就會用出軌或其他方式報復女人，這是典型的男人心理。正是因為男人有這種特殊的心理，也認為女人跟自己一樣，絕對接受不了自己曾經有過的性經歷，因此他們才會很本能地保護自己的隱私，絕不會跟女友提起。

男人面對婚姻好說謊還有一個原因，就是他們在外面的應酬太多，而這些應酬其實都是他們為了滿足自己的需求刻意選擇和安排的。兩人剛結婚的時候，這種情況會少很多，即使他們也有很多的應酬，但大多數時候確實是為了工作和養家。但隨着年齡的增長，男人在應酬方面可能會發生一些動力的轉變，從年輕時為養家、為工作轉

向為自己。所以面對妻子、面對家庭的時候，他就必須用謊言來偽裝自己，譬如說想出去跟朋友喝酒，偶爾有一兩次，妻子肯定能夠接受，但這一兩次是滿足不了男人的需求和欲望的，於是他就經常撒謊，找各種理由出去，這種事情司空見慣，幾乎會發生在每個男人的身上。

男人面對婚姻好說謊基本上就只有這兩個方面的原因，當然，有些人會習慣性地說謊，那就不屬男人面對婚姻說謊的這個範疇了。女人面對婚姻會比較坦誠，但是假如她有了婚外戀，也是會說謊的，但這種情況也不能放在這一節說謊的這個範疇裏面去討論，這屬背叛。

我們所說的說謊是指在沒有情感背叛的前提下，在正常的婚姻關係和正常的婚姻家庭秩序中，男女對待婚姻的態度。男人從內心深處就有一種不誠實的「因子」，即使不出軌也不會實說實話，而女人會本能地希望兩個人能真誠面對婚姻，這是男女在面對婚姻問題上的差別。

Lesson 09 女人為何好哭泣

 弱勢社群需要「眼淚」做武器

在婚姻、家庭、情感等問題上，女人處於弱勢這是個不爭的事實。美國著名的婚姻心理學家約翰・格雷博士說，男女不僅在生理方面存在着巨大的差距，心理層面的差異也是巨大的，表現在兩性關係上，就是男人總以主動、攻擊、佔有甚至侵害為主要特徵，而女人則以膽怯、害怕攻擊和尋求安全保護為基本特徵。所以在面對婚姻情感問題的時候，男人會表現出強勢的一面，甚至會做出傷害對方的行為，而女人則過多地表現出弱勢或備受傷害的姿態，眼淚就是弱勢、痛苦、悲傷、無奈的外在表現。

女人為甚麼總以這種方式來對待強勢的男人呢？道理很簡單，被傷害時，這是女人唯一能夠表達出的情緒，她們沒有別的辦法，但凡有一點辦法去抗衡，她們也不會動輒就以淚洗面。

有人說眼淚是女人保護自己的武器，其實也不盡然，女人並不想用這種武器保護自己，她們不想、更不願意哭泣，那有甚麼辦法能讓女人不傷心流淚嗎？要說辦法應該是有的，那就是男人儘量不要傷

害女人，給自己的妻子一個幸福美滿的家，一個沒有欺騙、沒有傷害的婚姻。女人擁有了這些，又怎麼會哭泣流淚呢？哭泣僅僅是女人受到傷害時最簡單的情緒反應，這是很正常的，可若是出現了比哭泣更嚴重的情緒反應，甚至是過激的行為，那就非常危險了。這一節我們重點討論女人在受到傷害之後的一些過激情緒反應，這是有規律的，應該提出來引起大家的重視。

前段時間網上爆出一則消息，一名男子與女友在河邊散步，男子的前女友突然出現在他們面前。在三人評理爭執的過程中，這位前女友突然跳入河中，男子見狀立即跳河施救。男子的這一舉動令一旁的現女友心生嫉恨，結果她也跟着跳了下去，估計是想看看男友會先救誰。結果，前女友會游泳，沒有被淹死，而現女友可就沒那麼幸運了，她一點水性沒有，男朋友也不是會游泳的人，兩個人都被淹死了。

女人以類似極端的方式對待情感或者婚姻上的打擊的案例可以說不勝枚舉。

從事婚姻心理諮詢工作二十多年來，前來找我做婚姻家庭諮詢的人不計其數，其中 99.99% 是女人。她們見到我後基本都是先大哭一場，很少有例外的。有時候她們的丈夫也會跟着一起來，但男人見到我很少落淚哭訴，一般都是妻子哭訴，丈夫在一旁低頭保持沉默，有時甚至還表現出一副挺委屈、挺無奈的樣子。

「狗急跳牆」的後果

其實，一般情況下，引發婚姻家庭矛盾的主要責任方是男人，不能說女人就沒有責任，而是說女人的責任一般是被動性的。男人造成婚姻矛盾的佔大多數，但主動想解決婚姻矛盾的卻只佔極少數。一旦婚姻矛盾比較嚴重了，女人就會變被動為主動，會積極地尋求解決問題的辦法；而男人呢，大多都會非常反感女人的這一舉動，「要解決你自己解決吧，反正我不覺得有甚麼問題」，這就是男人對待婚姻矛盾的態度。想解決問題，又得不到丈夫的配合，這是最讓女人痛苦的。所以，此時的女人會受到自身性格、婚姻事件的性質等諸多影響，採取一些極端手段，從而導致種種不可預測的後果。總體來講後果大致有三種。

第一種是以極端的方式面對婚姻問題，這是最嚴重的一種。我有一個女性朋友，是一位非常成功的商人。結果，她的丈夫卻一再出軌。前些年她一再隱忍並原諒了出軌的丈夫，認為給丈夫時間他會慢慢悔改，結果隱忍和包容絲毫沒有感動出軌的丈夫，相反卻令他變本加厲、肆無忌憚，根本不把妻子的寬容當回事。妻子最擔心的是孩子會受到影響，所以她沒有選擇離婚，只希望丈夫能顧及孩子的感受，儘量給孩子一個完整的家。

但令她極度失望的是，丈夫根本不顧忌這些，只考慮自己的感受，悲痛欲絕的妻子一氣之下選擇了自殺。還好，福大命大，她

「撿」回了一條命。雖然命是保住了，但她的生命和生活質量卻發生了翻天覆地的變化。原來氣質非凡、光彩照人的形象再也看不見了，現在的她整天與藥為伴，變得跟個木頭人一樣，令人十分惋惜。

用這種極端方式對待婚姻家庭矛盾的女人不在少數，她們中不乏像我的這位朋友一樣，屬高素質、有涵養的成功人士，但從她們的行為可以看出，其實，她們的性格也是有些缺陷的，至少是遇事不夠冷靜，缺乏控制情緒和行為的能力，做事過於急躁。

大家一定要明白，男女在對待婚姻問題上的態度是不同的。男人進入婚姻以後會把情感的重心從原來的一個人身上逐步轉移到妻子以外的幾個人身上，比如親屬、朋友、同事，或其他異性知己的身上；而女人一旦進入婚姻，會把情感的重心從原來的幾個人（爸

媽、親友、好姐妹等）集中到丈夫一個人身上，女人的情感歸屬漸趨單一。女人這種獨特的心理特點造成了她們對婚姻的超強依賴，婚姻出現問題對女人來講是無法接受的，有些脆弱的女人寧願放棄生命，也不想放棄變質的婚姻和情感，這是女人面對婚姻情感打擊時最嚴重的自虐性報復反應。

第二種是心理經受了重度創傷之後逐漸發展為抑鬱症。有一位女士是一家銀行的管理人員，婚姻家庭一直相對安逸穩定，兒子成績優異被保送到國外讀研究生。她的丈夫雖然出身低層，但通過自己的努力，一步步成為一家企業的高管，很不容易。丈夫對妻子、對家庭還算不錯。去年，這位女士發現丈夫出軌了，和他的下屬保持了多年的情人關係，且公司裏很多人都知道這件事，但誰也不可能主動告訴這位女士。最後這位女士在丈夫的手機中找到了確鑿的證據，丈夫沒辦法再繼續狡辯，只能一五一十地承認了。接下來丈夫的態度還算是讓妻子在絕望中得到了一絲安慰，他表示一定會痛改前非，離開那個女人，一定會好好珍惜自己的事業和家庭。

可是習慣了出軌的男人有幾個能主動「金盆洗手」的呢？半年過後，妻子又發現了丈夫跟那個女人在一起的證據。其實他們一直就沒斷，丈夫一直在欺騙妻子。這次妻子徹底崩潰了。她還一直在告誡自己，丈夫工作壓力大，要包容他，要給他最大的理解和關心，沒想到自己的良苦用心換來的是丈夫一而再再而三的欺騙。接下來丈夫不可能用原來的那套老辦法繼續欺騙她了，妻子也不可能再輕信丈夫的謊言了。丈夫就換了個策略，任憑妻子怎麼哭鬧，就一個態度：保持

沉默。女人的哭鬧能解決丈夫的出軌問題嗎？那是根本不可能的！但她不哭不鬧就能解決嗎？也不可能。這樣的狀態持續了大半年，妻子逐漸不哭不鬧了，可人卻消瘦了十多磅，到醫院一檢查，患上了重度抑鬱症。

被婚姻傷害後患上抑鬱症、焦慮症甚至分裂症的女人為數不少，許多原本很健康、很陽光、很快樂的女人，就是因為遭受了婚姻情感的打擊，身體和心理發生了很大的變化，令人痛心。婚姻情感問題與人格、性格和價值觀等因素有關，遇到這類問題，夫妻應通過反省和溝通加以解決，但有些人根本就不想溝通，甚至迴避出現的問題（往往是問題的製造者，男人居多 ），這就給婚姻關係的改善和問題的解決帶來了巨大的障礙。此時的受害方（女人居多）常常處於非常被動的地位，想改善，對方不配合；想解決，對方不理睬。如此一來，受害方的內心會從輕度受傷發展到重度傷害，一般的心理問題也會發展成嚴重的心理障礙。

第三種是情緒一上來就喊着要離婚。情緒失控是某一類人的特點，這類人通常被稱為「急性子」「暴脾氣」，常常因一點小事就大發雷霆，當然，男女都有。好的時候他們對對方是真的好，能掏心掏肺地對待對方，可一遇到點事（有時也未必是甚麼原則性的事情），他們就會歇斯底里、怒火沖天。因暴躁程度不同，情緒失控可以分為三個級別，最嚴重的一級是把事情搞到不可收拾為止，或是直接離婚，不計後果；中間的一級是大鬧一場，但怒火最終會慢慢平息下來，只是這種暴怒會經常發生，嚴重傷害夫妻感情和婚姻；最低的

一個級別是動輒就發怒，一點小事就與對方吵鬧不止，心理承受能力較低，但吵鬧過後會很快平復，對婚姻情感的傷害不至於很嚴重，但久而久之，產生的負面影響依然是很明顯的。

心理學中有一個「鏡面效應」學說。大家都知道，要想知道自己長甚麼樣，必須要照鏡子，不照鏡子我們很難看清楚自己長甚麼樣。對於自己的缺陷或心理、性格問題，也是同樣的道理，必須要用一面鏡子照一照。但看待自身缺陷的鏡子可不像生活中的鏡子那麼簡單，問題是沒有現成的這面鏡子，怎麼去照呢？我們看待其他人時，會將他的缺點看得一清二楚，所以我們就是反映他身上缺點的鏡子。

明白了這個道理，大家就應該知道怎樣去發現自己身上的問題了，那就是通過他人，尤其是我們最親近的人的眼睛去尋找自身缺陷。女人就是看到了男人身上的缺點，但男人自己又意識不到，且怎麼跟他講也沒用，所以就只能用眼淚表達了。這一節的內容就是要告訴大家兩點：一是女人不要輕易做傻事、做過激的事；二是男人一定要重視女人的眼淚，當她哭泣的時候，一定要傾聽她的心聲，這對改善婚姻、經營家庭至關重要。

Lesson 10 不相愛了 為何不願放棄婚姻

男人不愛妻子了，卻不願意放棄婚姻

女人對婚姻的保護和重視程度，我們前面也講過，多數情況下女人是不會輕易放棄婚姻的，那男人不愛妻子，不重視婚姻和家庭了，為甚麼也不願意放棄婚姻呢？這是女人們尤其是被婚姻情感傷害過的女人們感到困惑的事情。

男人家裏有妻子卻又在外有情人的心理，女人確實無法體會，這種心理到底是怎麼一回事呢？我們從下面幾種心理和做法來逐一解釋。

首先，男人對女人的佔有心理是具有排他性的，既然一個女人成了他的妻子，那這個女人就專屬他了，愛與不愛是他自己的問題，但自己的女人是不能再「給」別的男人的。男人的這種獨佔心理是帶有普遍性的，所以，即使男人不喜歡自己的妻子，也不想用離婚的方式來解決問題。這個佔有多半意義上是意識層面上的，是男人非常自私的一種心理，這是男人不願放棄婚姻的第一種心理。

另外，很多有了外遇的男人，其實只想在外面玩玩，並不是真的不愛妻子、不想要這個婚姻。當被妻子發現之後，他們就面臨一個很大的難題，因為既不想放棄家庭，也不想放棄婚外戀，於是他們就得給自己的行為找個適當的理由，便開始挑妻子的毛病，比如脾氣不好、敏感多疑等。妻子聽後多半會先調整自己，改正自己身上的毛病，婚姻也就在這一來二去中繼續着，男人也不說徹底放棄婚外戀，出軌也就變成了「有理有據」的行為。

還有一種情況，有些男人，尤其是有權、有勢或者有錢的男人喜歡在外尋花問柳，一天到晚不在家，家對他們來說連賓館都稱不上，除了給妻子一定的生活保障外，他們的人、心、性、錢等都沒放在家裏。做這種男人的妻子是非常可憐的，她們更年期綜合症的症狀往往會非常嚴重，極易出現心臟問題、心腦血管問題、心理問題。那這些男人為甚麼不跟他們的妻子離婚呢？他們有那麼好的條件，為甚麼不放棄這個形同虛設的婚姻呢？這是因為這些男人並不想把兩性關係固定在一個人身上，如果他們和婚外的女人結婚了，必然會受到新妻子的約束，這是他們最最不能接受的。原來的妻子也不是不管他們在外的所作所為，只是二人之間已經形成了某種「默契」，一旦打破這種「默契」，組建了新的家庭，那麼新妻子會管得更嚴，這是他絕對不能接受的。所以，對這些男人而言，婚姻更像是一個擋箭牌，讓婚外的女人「望而卻步」。

縱觀以上幾種心理和行為，大家會發現，男人在婚姻關係上還是相當自私的，即只為自己着想，很少考慮別人的感受。很多男人會認為，無論是對家裏的妻子，還是對婚外的女人，他只要提供物質保障就算盡到他的責任和義務了，而關於感情上的責任、道義和義務，他們壓根都不會去想，甚至會認為那些東西都是虛假的、沒用的，這就是男人的普遍想法。

有一個很典型的例子，一位事業很成功的男人，妻子漂亮賢惠，女兒大學畢業了，也很優秀，一家人在不知道男人有外遇之前過得很幸福。結果，好日子在一天當中戛然而止，妻子發現丈夫有婚外戀，且一下查出了好幾個情人，更讓妻子始料未及的是他與這些情人還都生了孩子。妻子傷心欲絕，但這位丈夫卻在安慰妻子、女兒，說她們才是他的最愛，對外面那些他都不是認真的。他的妻子找到我，問我該怎麼辦，其實都到了這種程度還能怎麼辦，在我看來，只能離婚。大家會好奇這位丈夫的想法，從我和這位丈夫的對話中得知，他經多年努力創立了自己的企業，目前資產有十幾億元。他說他掙這麼多錢幹甚麼？都給妻子、女兒，她們能花得了嗎？他還說他分給每個「家」的錢，夠他們生活一輩子了。他說他周圍全是誘惑，而他又完全有能力去滿足那些女人的要求，他和這些女人之間就是這麼簡單的相互利用的關係，當然他也覺得有些對不起家庭，還想用更多的物質去補償妻子和女兒。

人的意識首先是由物質決定的，當男人沒有充足的物質條件時，他即使有些花心也沒有辦法去實現，但一旦真的有錢、有權、有勢了，他的劣根性就表現出來了。我想這只能靠制度和他自己的覺悟了。科學的婚姻家庭制度需要從建立婚姻關係的那一刻開始執行，譬如兩個人的財務公開制度、相互告知制度等，這些制度非常重要，從建立婚姻開始兩人就要形成習慣，那麼在婚姻中，那些「藏污納垢」的事情就不會有立足之地。所以，科學的婚姻家庭制度對保障健康的婚姻關係大有裨益。

雖然告訴大家即使男人不愛妻子了也不會離婚的事實，但揭示這種事實並不是目的，而是要提醒大家，要找到解決這些問題的方法，讓男人不愛了就放手，不要欺騙妻子、欺騙家庭。當然放手也不

是最終目的，最終目的是防患於未然，讓男人從建立婚姻的那一天起就把色心、色膽「鎖在籠子」裏，讓它無法「長大」，形不成氣候，只有這樣，婚姻才有保障，家庭才能幸福。

 面對丈夫的背叛，女人仍不願放棄婚姻

從事婚姻心理諮詢的人都會有這種體會，前來尋求幫助的女人，其故事大多為一個模式，基本上都是丈夫出軌，背叛了婚姻家庭，但經過自己的種種努力，丈夫依然不知悔改，可她仍不願放棄婚姻，還想盡最後的努力，希望通過各種途徑尋求解決問題的方法，希望能夠保住自己的婚姻。很多人可能會不理解，尤其是男性朋友，既然丈夫已經出軌了，甚至一而再再而三地背叛婚姻，做妻子的為何非要挽救這個婚姻呢？離了他就不能過了嗎？

面對丈夫的背叛，女人為甚麼依然不想放棄婚姻？這一方面由女人非常善良的本性決定，另一方面也與女人一系列特殊的心理所起的作用有關。

首先，婚姻給女人提供的是安全的保障。正如前幾節我多次談到的，女人的生命安全意識與男人的明顯不同，女人對男人以及對各種複雜的環境有着本能的防衛心理。其實，現實生活中男人無緣無故傷害女人的事件很少，但女人的這種防衛意識或潛意識防衛心理是時時存在的。還有一種不安全感與性騷擾有關，女人被男人騷擾，這種危險遠遠高於男人對女人單純的身體傷害。女人怎樣來避免這兩種情

況呢？最好的辦法就是結婚，婚姻對女人來說是一種全面的保護，不僅身體上會有丈夫的保護，性方面也會因為有丈夫的存在而變得更加自信、更加安全。

一位女性朋友和丈夫離婚多年，但一直沒有分居，兩個人依然住在一起。男方整天不回家，在外面和其他女人有不潔交往，女方知道這些，但沒辦法約束對方。問題是兩個人還生活在一起，對方的一言一行、一舉一動都會給她帶來影響。她現在很迷茫、很痛苦，女兒還在上學，她不想讓自己不幸的婚姻影響女兒，所以，一直想維持這個貌似完整的家，想等女兒找了對象或結了婚以後再徹底分開。但男方一點都不顧及這些，經常在網上找女朋友，有時甚至會趁女方不在家把其他女人帶回家來，讓鄰居說三道四，令她很難堪。

這位女士苦惱的並不是前夫去找別的女人，她並不介意前夫找女友，問題在於她想要的安全環境被前夫打亂了，這種安全對女人來說有三個意義。

第一個意義是婚姻可使自己免受其他異性的騷擾。女人即使已經離婚了，也一定不想讓外人知道自己離婚的真相，這樣做一來可以免遭他人白眼，二來也可免受他人騷擾。這是女人的特有心理，男人沒有，男人會告訴外人自己已經離婚了，目的是趕緊找「下家」。女人在意的是自己的尊嚴、面子和安全。離了婚的女人也會拿婚姻當擋箭牌，這樣會比較安全。

第二個意義在於婚姻能給女人一個相對安全的家。有婚姻，有丈夫，女人就很安全，這是很好理解的事情。譬如女孩跟男朋友出去，女孩的家長就會比較放心，可如果女孩單身一人外出，那麼女孩的家長肯定不放心，女孩自己也未必能坦然安心。

第三個意義是婚姻增加了女人的幸福感。女人把婚姻比作生命，認為婚姻關乎自己一生的幸福，因此她們會格外重視。女人也很看重工作和事業，但相比而言，遠不及婚姻和家庭重要。這和男人的感受是完全不同的，男人把工作和事業放在第一位，如果事業不成功，婚姻家庭再好，男人都不覺得是一種幸福，甚至會覺得很失敗，活得沒有尊嚴。如果用百分比來描述幸福感，女人對婚姻家庭幸福感的要求能佔到女人幸福感總數的 90% 以上，而男人對婚姻家庭的幸福感要求能佔到 60% 就不錯了。

　　俗話說男怕選錯行，女怕嫁錯郎，從這句話的含義裏我們也能看出男人關注的重點是甚麼，女人關注的重點是甚麼。男人選錯了行就意味着一生將受此影響，一蹶不振或一事無成。女人一旦嫁錯郎，對自己和孩子來說都是最大的災難。男人離婚後，往往能迅速走出婚姻的困擾，快速尋找到下一個「目標」，而女人離婚後很難在短時間內走出痛苦的陰霾，即使想再婚，選擇的餘地和條件也大不如從前，這是個不爭的事實。

　　一位電台女主播，五十多歲了，可樣子看上去也就只有三十來歲，依然很漂亮而且非常有氣質，不瞭解情況的人絕對想不到她的婚姻其實早就名存實亡了。事情是這樣的，她的丈夫很能幹，也很精明，在三十幾歲的時候就成了分公司的經理，現在是一家大型國有企業的董事長。據這位電台女主播自己說，當年她剛走出校門就被比她大近十歲的丈夫看上了，對她窮追不捨，可當時他已有家庭，於是她拒絕了。後來他很快就與他當時的妻子離了婚，然後繼續追求她，之後二人便結婚了。要說丈夫對她，其實也是非常體貼的，生活中對她照顧有加，她想要甚麼，丈夫就給買甚麼。因為丈夫工作忙，整天出差，加上她也有自己的工作，她便沒太在意丈夫在外面的應酬，可是後來她發現他們夫妻間的性生活次數少了，而且丈夫對此能推脫就推脫。開始她也是能理解丈夫的，但隨着一條條他和女下屬、女秘書、女客戶的曖昧信息被發現，她開始留意丈夫的行蹤，並最終找到了丈夫出軌的證據。

　　丈夫對此供認不諱，對她說，能過就過，不能過就分開，都這個年紀了，也沒必要再委屈自己。丈夫還說他願意把大部分家產都給妻子，自己只留一間房子居住就足夠。他這麼說，她很清楚他的用心，他年薪幾百萬元，自然還有更多的財產是她不清楚的，他當然不怕離婚，離了以後恐怕還有更年輕、更漂亮的女人在等着他。她和家人商量，也徵求了孩子的意見，最終並沒有同意和丈夫離婚，兩個人依然生活在同一個屋簷下，但卻過着井水不犯河水、老死不相往來的日子。

　　妻子的內心着實很痛，打掉的牙只能往自己肚子裏咽，甚至還得在外人面前強顏歡笑。她說自己離不起婚，保留這樁名存實亡、讓她傷心欲絕的婚姻，其實只是為了給孩子一個貌似完整的家，因為孩子畢竟還沒談戀愛、沒結婚，家庭破碎對孩子的影響很大。

　　女人不想放棄讓自己備受傷害的婚姻，確實有很多的無奈。要解決這個問題，一是需要提高男人維護婚姻的意識，二是需要女人將自身的幸福感儘量做些多元化的安排，不能全依仗婚姻，因為婚姻畢竟是兩個人的事情，女人只能把握自己，把握不了別人，你想留住婚姻不等於說別人也這麼想，這是女人需要認真對待的問題。

女人為甚麼只喜歡被丈夫一個人愛着

女人為甚麼喜歡被丈夫一個人愛着，對這個問題女人一點困惑都沒有，會覺得很正常，天經地義呀。但男人會有些捉摸不定，雖然都知道自己的妻子一定是希望被自己深愛着的，但也未必敢斷定妻子是否只希望被自己一個人愛着，是不是也和自己一樣，會有些小心思，希望能同時被幾個異性喜歡着？這實在是男人琢磨不透的一點。男人確實搞不懂女人在想甚麼。其實，女人只希望被丈夫一個人愛着，這是大多數女人的一致想法，也是女人的天性。

女人為甚麼只希望被丈夫一個人愛着呢？為甚麼不希望被一大群男人愛着，或愛着一大群男人呢？除了生理層面有達爾文所說的「交配統一原則」的限制，還有以下幾種心理是男人所不具備的。

一是女人對陌生的異性會本能地抵觸和排斥。譬如，見到陌生的男人，女人都會下意識地防範與躲避，一般不會主動親近。可能大家會說這與「喜歡被丈夫一個人愛着」有甚麼關係呢？關係非常密切，女人對陌生異性的本能防禦心理來自性保護意識，這個陌生主要指性心理方面，女人的性心理只對丈夫一人開放，對其他男人是關閉的，這是因為在女人的意識裏面，愛情、性這類帶有感情色彩的東西，只能與丈夫有關係。她們的愛和性需要有情感積累作為基礎，即

使是女人很熟悉的異性，兩人當普通朋友可以，要談情說愛是不行的。

二是求穩心理佔據主導地位。對女人而言，安全和穩定是最最重要的，沒有哪個女人喜歡自己的婚姻家庭一直處於搖擺不定、動盪不安的狀態當中。女人對男人建立起充分的信任感是很難的，需要大量時間、精力和情感的投入，因此，一旦進入婚姻，女人便只祈求這份感情能長久，對其他異性給予的愛或性暗示會本能地排斥和遠離，這點和男人是大不相同的，多一份情感對男人而言是多一份浪漫，而對女人來說，則是多一份危險。

三是女人的心裏確實容納不下兩個男人。只要有一個男人走進了女人的內心，女人就會關閉自己的「心門」，不會向其他男人敞開，除非她感覺到內心所愛的這個男人已經不愛自己了，或自己也不愛婚姻中這個男人了，這種情況下，她會再次敞開尋愛的大門，直到找到下一個所愛的男人為止。同時愛上兩個男人，這對女人來說是一件很不可思議的事情，也是非常痛苦的事情。

四是女人結婚後情感一直牢牢維繫在丈夫身上。雖然有了孩子以後，女人的精力和情感會分給孩子一大部分，但其實，有了孩子的女人更希望丈夫關心自己，這是女人的天性。如果這個時候有其他男人對她或對她的孩子表現出超乎尋常的關心，她會非常警覺。對她本人的關心如前所述，她的反感是出自本能的；但假如對她的孩子表現出異常的關心，她的警覺性會更高。在女人看來，只有孩子的親生父親才會本能地愛自己的孩子，其他異性的關愛都是有目的的。

　　五是女人對男人的愛源於潛意識中對父母的愛依戀。眾所周知，男人對女人的愛一般表現為施捨性的愛，也就是男人愛女人要多一些，男人給予女人的愛多半伴隨着關心呵護，這有點像父母對孩子的愛。一對男女在結婚以後，雙方的父母都會囑咐男孩要對妻子好一些，要關心疼愛自己的妻子。尤其是女方的父母，似乎在完成一種儀式，要親手把關心呵護女兒的責任交給女婿。結了婚的男女或雙方的父母都會有這樣一種心理，男孩似乎從此需要擔負起女孩父母原來的責任。

　　另外大家應該也會有這樣一種體會，男孩惹了事或受了委屈，一般不會跟自己的父母訴苦，獨立性比女孩要強得多；而女孩受了委屈是一定會找爸爸媽媽尋求幫助的，爸爸媽媽是女兒的保護傘，會給女兒充分的安全呵護。結了婚的女孩依然會有依戀父母的情節，只不過這種情節多半被夫妻感情所替代，所以，受了傷害或委屈的妻子一定

要尋求丈夫的支持和幫助，這時在她們的潛意識裏，丈夫就是原來的父母，而替代原來父母角色的人也只有丈夫一個人，其他男人是不可以的。女人只對愛自己的父母放心，也就只對愛自己的丈夫放心，丈夫和父母在女人的潛意識裏是一個角色。

美國心理學家蘇珊‧福沃德在一本《有一種病叫愛情》的書裏寫過，對於大多數女人來說，愛人就是「象徵性的父母」，這是因為女人很容易受到傷害，受到傷害時，處於弱勢的女人首先需要的是男人的保護，這時，女人心理上就會產生一種感情投射，會把男人視為現實父母的代理人。在女人的潛意識裏丈夫就是自己的父母，就必須和自己緊緊地連在一起，不能分離，更不能隨便更換，這就是女人對丈夫及婚姻如此依賴的原因。

蘇珊‧福沃德的解釋是很全面的，她用了一種潛意識的投射理論，解釋了女人對婚姻情感專一這一普遍現象。這樣我們就不難理解，女人把愛、情感和一生的幸福都維繫在了一個象徵着自己父母的男人身上，這個男人就是她的丈夫，只有這樣她才覺得安全，才覺得有保障。朝三暮四會破壞女人的安全穩定感，所以，女人只希望被一個男人愛着，而這個男人就是她的丈夫，別無他人。

各類婚姻

大考驗

面對
抑鬱質婚姻

 ## 何為抑鬱質婚姻

　　甚麼叫抑鬱質婚姻呢？夫妻當中至少有一位有抑鬱情緒，甚至有抑鬱症傾向，會給婚姻帶來非常大的影響，這種婚姻就是我們要講的抑鬱質婚姻。這樣的婚姻為數不少，因為生活中具有抑鬱心境、抑鬱情緒的人實在太多了。

　　抑鬱質婚姻的特點是缺少快樂、缺乏活力和激情，婚姻生活就像一潭死水，沒有一點令人愉悅的氣氛。要說夫妻間有多大的矛盾或者其中某個人的為人有多不好，也說不上，但婚姻中就是缺乏快樂的氛圍，夫妻之間以及與孩子之間缺乏溝通交流，一家人在一起只有冷冰冰的衣食住行、吃喝拉撒。造成這一問題的主要原因是夫妻中至少有一個人的心理健康受損，有嚴重的抑鬱傾向，只是本人意識不到而已，長期受這個人的影響，整個家庭都會沉浸在抑鬱消沉的情緒當中。

　　曾經碰到過這樣一對夫妻，丈夫老實本分，在外人看來是個善良厚道的人。但家人對他的評價卻截然相反，在家人看來，他態度冷漠，對人苛刻，甚至是不近人情的。妻子嫁給他這麼多年，見他笑的次數都有限，他從來都是一副悶悶不樂、愁眉苦臉的樣子。剛結婚

時，妻子以為他就是有點孤僻，人又不壞，相處時間久了，就會慢慢變好。結果這一等就是二十多年，她非但沒有盼來丈夫一絲一毫的轉變，還斷送了自己和兒子的一生。他們的兒子，現在都 26 歲了，整天就待在家裏，不跟任何人來往，白天睡覺，晚上上網，誰說也不聽，見到爸爸就跟老鼠見了貓一樣。據妻子所說，丈夫在孩子年幼時就對孩子特別嚴厲，譬如讓孩子鍛煉身體，原本這是件好事，但他第一天讓孩子練壓腿，孩子把腿放在樹杈上，腿稍有點彎曲，他就一巴掌打向孩子放在樹杈上的那條腿，或者一腳踢向孩子沒站直的那條腿，疼得孩子吱呀亂叫，他卻還不讓孩子哭，要哭就得挨揍。孩子從小挨他打的次數數都數不過來，而且絕大多數都是毫無道理的。

　　不過他對家人在生活上還是挺照顧的，有甚麼好吃的，他自己寧願一口不吃也都讓着妻子孩子，家裏甚麼髒活累活全歸他幹，剩飯剩菜也歸他吃，這點也是挺讓妻子感動的。只是除了這點，就沒有別的好的了。平常只要他在家，家裏的氣氛就非常沉悶，沒人敢說話。他不在家的時候，妻子和孩子都感覺特別輕鬆，能開開玩笑，也能說點知心話，可是他一進門，就沒人敢說話了，孩子也趕緊躲回自己的房間。這樣的生活一過就是二十多年，現在大家都習以為常，三個人最多也就吃飯的時候會坐在一起，其他時間都是各忙各的。

　　這就是個典型的抑鬱質婚姻，也叫抑鬱質家庭，是因為家庭成員中存在那麼一位具有抑鬱傾向的人而導致的。這個人或許自己根本就意識不到，整個家庭也都不瞭解他，結果就被他的「怪脾氣」帶入了一種非常畸形的婚姻家庭秩序中。

抑鬱心境是如何形成的

這位丈夫之所以會有抑鬱心境，肯定與他的父母或是他的成長環境有關係。一個人性格、心理、人格的形成都與父母給他創造的成長環境有關，也與父母性格、心理和人格的健康程度有關。父母心理健康、人格健全，一般來說對孩子的影響都是積極的，給孩子創造的環境也是非常健康陽光的，孩子出現各種心理問題的概率也比較小。但是若父母心理不健康或者人格不健全，那就一定會對孩子造成嚴重的負面影響，而且這種影響是顛覆性的，是毀人一生的。上面案例中這位丈夫的父母應該是在他年幼時對他造成了極度負面的影響，以致其性格叛逆、心理扭曲。他成人後又用他父母的那一套再去傷害自己的妻子、孩子，就這樣一代一代傳下去，造成了一個又一個婚姻家庭的悲劇。

大家聽說過「毒父母」這個詞嗎？最早提出這個概念的是美國的著名心理學家蘇珊・福沃德（Susan Forward）。她在《有毒的愛》（*Toxic Parents*）一書裏說，可能會有人覺得用「毒」這種詞彙來形容父母給孩子的愛有點過分，但事實上確實有這樣一種父母，他們的所作所為給孩子的未來和人生帶來的是嚴重的負面影響和傷害，但他們自己卻渾然不知。

蘇珊・福沃德描述的那些父母一般都把自己比作神，在家裏唯他們獨尊、唯他們至上。他們根本履行不了一個正常父母的義務，換句話說他們根本就不會做父母，但對這一點，他們自己根本意識不到。這些人往往控制欲很強，語言尖酸刻薄，說話做事偏執任性，還

有的酗酒成性，甚至有嚴重的家暴行為。由於父母的各種不健康言行給孩子造成了嚴重的負面影響，孩子會出現諸如「罪惡感」、「自我否定感」、「無價值感」和「絕望感」等一系列負面情緒，久而久之便形成了嚴重的心理問題。

對於深受父母傷害的這些孩子們來說，他們長期在這種變異環境下成長，身心受到嚴重摧殘僅是一個方面，更為關鍵的是他們根本不知道正常的父母應該是甚麼樣子的，缺乏對健康家庭、健康父母、健康行為的認識。他們長大之後只能用父母教給自己的那一套來對待他們的家庭、教育他們的孩子，所以才出現了上面提到的那位丈夫，動輒就處罰孩子，動輒就暴怒發瘋，他的這些情緒和行為都是從他父母那裏學來的。應該說他自己不捨得吃、不捨得喝，全留給老婆孩子享用這一套，也是跟他父母學的，不然不會孤立地形成這種習慣。

其實，這種人也是蠻可憐的，畢竟錯並不完全在他，是他的原生家庭把他給徹底毀了。他原本是個受害者，但不幸的是，他又反過來充當了一個新的家庭災難的製造者，親手傷害了一個新的家庭。如果原先的傷害能在他這裏戛然而止，那是最最幸運的，但人往往意識不到，等到意識到的時候，後果已經產生了。

注重心理健康檢查，認識自身心理問題

為了解決這個問題，婚姻心理學提出，每個人在進入婚姻之前都應該進行性格與心理健康檢查，這是一個非常重要的防患於未然的手段。心理科學完全可以幫助一個人充分認識自我，認清自身的某些缺陷，比如性格或心理方面的缺陷等。及早地採取心理干預措施，既能幫助當事者提高自身的心理健康程度，又能使當事者走入婚姻之後擁有健康良好的婚姻家庭關係，何樂而不為呢？

對於那些已經走進婚姻、性格或心理有些問題的人來說，認識到自身的問題也是非常關鍵的。現在的年輕人，也包括中老年人都已經普遍認識到了性格和心理健康的重要性，所以，遇到抑鬱質婚姻這類問題時，我建議大家早一點尋求心理專家的幫助，這些問題是可以得到解決的，關鍵是當事者要有個積極的態度。就像一個人的身體有點小毛病，但他就是不想面對，也不去醫院看醫生，最後小病拖成了大病，甚至有可能要了他的命，到那時後悔就晚了。心理問題也是如此，遇到小問題就儘早去面對，若等造成了重大影響再去想辦法解決，那代價就太沉重了，是會毀人一輩子的！希望有這類問題的朋友們積極面對。

Lesson 13

面對
焦慮質婚姻

 何為焦慮質婚姻

　　焦慮和抑鬱是我們面臨的兩種最大也是最普遍的心理問題，幾乎人人都會遇到。當然，不是說每個人都會得焦慮症或抑鬱症，而是說每個人都會有焦慮或抑鬱這兩種情緒，只是程度不同而已。一般情況下，大家所經歷或體會到的都是一些正常範圍內的焦慮或抑鬱，算不上是心理問題，但有些人就沒這麼幸運了，他們有可能處於高強度的焦慮或抑鬱狀態中，甚至已經患上了焦慮症或抑鬱症，只是本人意識不到罷了。

　　婚姻中至少有一人具有較高強度的焦慮心境，那這樣的婚姻就是焦慮質婚姻。具有焦慮心境的人最大、最明顯的特點是總會無緣無故擔驚受怕，整天疑神疑鬼、焦躁不安，有超強的不安全感，對他人也極度不信任，不僅自己心力交瘁，一家人也跟着緊張兮兮、坐立不安。焦慮質的人遇事總不往好處想，把事情想得很糟糕，這對家人尤其孩子的傷害很大。

　　焦慮質和抑鬱質是有所不同的，焦慮質的人有高興、快樂的時候，也會有幸福感，但抑鬱質的人一般不會有這些感受；抑鬱質的人不會過分擔心和敏感，而焦慮質的人會非常敏感多疑。焦慮質多半是因為人在孩提時期遭受批評和負面評價過多造成的，這樣的人從小就對自我的評價過低，沒有安全感，對他人的指責、評價過分敏感和排斥，對他人的言行缺乏足夠的尊重和信任。

　　我曾經接受過一個關於焦慮質婚姻的諮詢。那是一位年過半百的女性，她不能受一丁點刺激，尤其是來自家人的。她從 30 歲被診斷為心臟病之後，幾乎每年都要住幾次院，而且每次都是被救護車送去醫院的，病情看上去都很危險，這些年來從無間斷。她的每一次發病都與情緒波動有關，不是老伴惹她生氣了，就是孩子讓她不高興

了，家庭中一些雞毛蒜皮的小事也能引發她的心臟病。

在與她溝通的時候，我發現這位女性是個典型的焦慮症患者，其敏感多疑的程度高於一般人，對家人不放心，缺乏信任感，而且整天擔驚受怕。丈夫下班或者孩子放學到家晚了，她急得跟熱鍋上的螞蟻一樣，會一直站在窗台上觀望，或者一趟一趟地往樓下跑，去迎接家人的歸來。

她對此的解釋是總擔心家人的安全，只要家人回來晚了，她就會胡思亂想，是不是出車禍了？是不是被壞人劫持了？是不是病了？直到家人回來，她才能不再擔心，否則就甚麼都幹不下去，有時甚至能因為這個急得心臟病犯了。她的焦慮是廣泛性的，且是重度的，會引發驚恐反應，每次的心臟病發作其實就是焦慮症驚恐反應帶來的軀體症狀，主要還不是心臟的毛病，心臟只是軀體症狀的一部分，最核心的問題還是焦慮症。

在我給出病情結論後，她配合着進行了很長一段時間的心理治療。今年她已經八十多歲了，有二十多年沒有再犯過心臟病，就是因為她的焦慮症治好了，伴隨着的心臟病反應也就消失了。

這位老太太從年輕的焦慮質到中年的焦慮症，自己深受心理病痛的折磨不說，婚姻生活也受到了很大的影響，可她自己對此一點意識都沒有，家人也缺乏這方面的知識，結果就被整得全部籠罩在焦慮氣氛之中，久而久之，就形成了焦慮質婚姻。

焦慮症是如何形成的

　　焦慮心境或者說焦慮症是怎樣形成的呢？下面給大家介紹一下這方面的知識，焦慮情緒的產生主要有以下三個方面的原因：

　　一是多年的心理創傷。多年的心理創傷會使人積累非常多的負面情緒，導致人心理承受能力下降，極易崩潰。所謂心理創傷是指在心理層面留下的創傷性記憶，對心理的打擊和傷害非常大。譬如小時候遭受父母的嚴重暴打，這種傷害會在心理層面留下記憶；曾遇過嚴重的應激事件，像嚴重的車禍、重大的災難等，血腥的畫面也會給心理造成巨大的傷害；或來自情感方面的傷害，這對女人來講嚴重程度不亞於重大的自然災害，也會給心理造成巨大創傷。這些心理傷害一旦形成便不容易根除，會在心理層面留下創傷，甚至會進入潛意識，形成永久性創傷。

　　二是習慣性的不良情緒。人人都有情緒，但大家知道情緒是甚麼嗎？情緒是人對認知內容的一種特殊態度，是以願望和需要為中介的一種心理活動，它包含了情緒體驗、情緒行為、情緒喚醒和對刺激的認知等眾多複雜成分。所有這些體驗、行為和認知等，都與經驗積累有關，是社會習得的產物，也是一種習慣性的記憶。這種記憶一旦形成就不會輕易改變，它會轉化成性格的一部分，用來體現一個人的態度特徵。

　　人的情緒受很多因素影響，好的信息能給人好的情緒感受，不好的信息會給人負面的影響，這是很容易理解的。情緒的表達會有習

慣性，譬如有的人面對刺激，反應不會很激烈，情緒表達相對穩定，但有的人情緒波動會很大，難以控制，甚至一點就着。每個人的情緒表達和反應方式都不同，一方面是因為每個人的性格不同，另一方面則是因為每個人的情緒表達習慣不同，因此，我們也就不難理解為甚麼有的人處事樂觀通達，而有的人卻時時刻刻悲觀消極。

習慣性的不良情緒對焦慮的影響很大，這是因為焦慮情緒本身是應激性的情緒反應，也就是說在受到一些干擾或刺激的時候很容易加重焦慮情緒，一般情況下，無緣無故的焦慮是極少見的，多多少少都會有點應激性的刺激，譬如看到一件不稱心的事、聽到一句不順心的話、聞到一股刺鼻的氣味等，這些刺激對有些人會構成影響，導致其產生焦慮。如果他們自身再有一些習慣性的不良情緒，譬如動輒就惱怒、無事好猜疑、遇事不冷靜等，焦慮的程度就會加重。

　　三是戒備和偏執心理。戒備和偏執心理其實是多年心理創傷的結果，是一種習慣性的情緒積累。人在正常的社會交往中，總會遇到一些和自己意見相反的聲音，這是誰都無法避免的，有的人對這些聲音不敏感，而且會採取寬容的態度，至少是「有則改之，無則加勉」的態度。但有些人不僅不能接受，而且會採取對立的態度，因為他們分辨不清這些聲音出於何種動機，因此只要不順耳，就會被他們視為敵，這種習慣性的情緒特徵是從小就養成的，是幼年心理創傷的一種情緒記憶。

　　我們一定要注意檢查自身的焦慮狀態，一般性的焦慮可以不用管，最多通過調整認知、調整心態就可以解決；如果是廣泛性的焦慮，就像上面我說到的那位女性，整天疑神疑鬼、提心吊膽、寢食難安，這就比較嚴重了，應該去醫院做做心理檢查。

　　焦慮不僅對個體的身心危害極大，對婚姻情感的危害也是非常大的，希望大家多加注意，學會自我檢查，發現問題及時解決，不要讓焦慮情緒持續存在，影響我們的身心健康和生活質量。

Lesson
14

面對
強迫質婚姻

何為強迫質婚姻

強迫這個詞大家一聽也很熟悉，應該說，抑鬱、焦慮、強迫是我們人類面臨的三大心理障礙。這三種心理問題有時會有一定的關聯性，有的人可能三種心理問題都有，只是表現出來的重點不同而已。

強迫質婚姻就是帶有強迫性質的婚姻，可能大家一下還想不明白，結婚不都是兩個人自願的行為嗎，怎麼還能強迫呢？強迫質婚姻不是指強迫結婚，而是夫妻兩個人中至少有一人有強迫心境，這個人的婚姻也帶有強迫性質，因此被稱為強迫質婚姻。有強迫心境的人會想方設法讓對方接受自己的觀念，按照自己的思維去做事。

有強迫意識、強迫觀念、強迫行為的人不僅會強迫別人按他的意識和觀念去做，對自己也帶有強迫性質，做事追求極致、追求完美，而且想做的事必須馬上去做，不做就會很難受。按輕重緩急來說，他想做的事可能根本不着急，但他不會考慮這些，只按自己目前的想法，想幹的事情排第一位，哪怕花費的精力和代價是巨大的，他也在所不惜，不達目的誓不罷休。

這種人一天到晚把自己弄得很緊張、很疲憊，也會讓家人甚至同事都很緊張，問題是他還反過來挑別人的毛病，嫌別人這裏不好，那裏不好，總之，都令他不滿意。這種人的脾氣一般都很大，動輒就發火，主要就是嫌別人說話、辦事沒達到他的要求。

大家想想，假如家裏有這麼一個人，家人會是甚麼樣的感受？這種人往往也有上節課我提到的那位丈夫的特點，確實很關心和疼愛自己的家人，但他的關心和疼愛往往都是很「變態」的，會讓家人覺得很受約束和控制。

別被強迫質的「愛」迷惑

有個23歲的女孩，找了一個男朋友，男孩各方面條件都不錯，兩家也門當戶對，但女孩總覺得兩人相處過程中有些地方不對勁，但又說不太清楚。男孩確實很愛她，非常關心和體貼她，女孩因此也很想嫁給這個男孩，但和男孩在一起的時候，她總感覺很多地方讓自己備受壓抑，於是就來找我諮詢。她一說情況，我就告訴她最好離開這個男孩，不是這個男孩條件不好，而是他有嚴重的強迫症。有這種心理問題的人，愛一個人是沒有問題的，但他會把愛、控制、強迫甚至是恨連同愛一起「打包」給愛的人，進入婚姻以後其強迫的程度會更嚴重，一般人是受不了的。

她舉了兩個例子，便足以說明男孩的強迫症是多麼嚴重。據女孩介紹，兩人是大學同學，男孩比她高一年級，交往中男孩每天給她打無數個電話，這也很正常，畢竟處於熱戀當中嘛。有一次，她臨

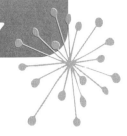

時加了一節課，事前也沒有來得及告訴男孩，進了課堂以後她就關機了。結果，男孩聯繫不上她，都快急瘋了，到處去找，教室、操場、圖書館⋯⋯最後終於在一間教室看到了她的身影，這才放下心來。然後他就一直站在教室門外等，等了兩個多小時，待她走出教室，男孩上前一把抱住她，說他快急瘋了，死的心都有了，要是再找不着他就要報警了。她當時聽了這話，感動得熱淚盈眶。

還有一次，她過生日，男孩買了一大束鮮花到她的宿舍找她，恰巧她那會不在，外面還下着雨，男孩便把外套脫下來包住花，自己站在雨裏足足等了半個多小時，最後淋成了「落湯雞」，花卻被保護得完好無損。女孩回來看到這一幕非常感動，兩個人抱在一起幸福得不得了。

我聽完這兩個例子，就跟女孩說：「孩子，你趕緊帶這個男孩去看心理醫生吧，如果他能配合，還有改善的可能，如果他不配

合、不願去面對，那你最好離開他。」女孩說男孩根本不可能去看心理醫生，他太強勢了，她也感覺他有點問題，多次勸他，但他就是不聽，就覺得自己沒有問題，問題都是別人的。

　　下面我來告訴大家，我是如何從這兩個案例中判斷他有心理問題的。先來看第一個例子。他找不到女孩，着急是可以理解，到處去找也算合情合理，但問題出在找到之後，既然已經看到女孩在教室裏上課，他就可以放心了，應該去幹自己該幹的事情。但有強迫心境的人只關注自己當下在意的事情，其他任何事情都進入不了他的關注區。此刻他只想着女孩，就想要表達自己的擔心之情，即使有再重要的事情，他也會全然不顧，於是他選擇站在教室門口等幾個小時。這樣做是完成了他的心願，但帶給對方的是感動還是壓力，他可不管。大家可以想想，一會見不到就要打電話報警，就要殉情自殺，算是一個心理健康的人的行為嗎？心理健康的人找不到女友肯定也會着急，但是他們會在找到之後就放心去做自己該做的事情，而不會站在那裏耗費時間，更不會因為這個就想到自殺、報警等。

　　第二個例子也說明了這一點，女友不在，又逢下雨，他首先應該去避雨，難道宿舍裏就沒個能避雨的地方嗎？他的做法是很「變態」的，把外套脫下來包在花上，自己卻站在雨裏，這是典型的自虐心理，他在用這種自虐的方式來贏得對方的好感甚至是感動。

　　這兩個例子告訴我們這個男孩的強迫心理和變異人格是很明顯的。我分析後，女孩恍然大悟，其實她自己也感覺到了很多不適應的地方，但所有這一切都被男孩愛着、關心着的氛圍掩蓋了。

　　強迫質的人往往是「愛恨交加」的。在婚姻家庭中，擁有強迫心境的人會把愛和恨同時「打包」給自己的親人，這是一個規律，為甚麼會這樣呢？為了讓別人按自己的要求去做。具有強迫心境的人潛意識裏存在一種法則，叫「獎勵法則」，就是儘量表達出對對方的關心和呵護，讓對方體會到自己的用心，為自己接下來強迫對方提供理由，這也就是有強迫心境的人對家人好的潛意識目的。

　　上面說的這位女孩的男朋友也有這種情況，他確實對女孩很好，但這種好表達過分了，是一種有目的、別有用心的過分表達。但凡變異的行為，其背後一定會有一種變異的心理做驅動。男孩的變異心理就是強迫對方接受自己、接受自己的愛。這種強迫他是意識不到的，所以，才要求對方按他的想法去做，還美其名是為了對方好，這也是具有強迫心境的人的普遍意識和做法。

　　結婚前若發現對方是一個具有強迫心境的人，就應慎重選擇。因為強迫心境是很難改變的，幾乎所有的心理障礙都有很深的根源，解決起來難如登天，所以能放下重新選擇是最好的。當然，我們不是排斥和歧視這些有心理障礙的人，他們的心理問題不能怨在他們的頭上，他們也是心理問題、心理障礙的承受者或者說是被傷害者。但對於婚姻家庭來說，他們確實會成為再去傷害別人的人，從這個意義上考慮，對於那些還沒有走進婚姻、感情還不是那麼深厚的人來說，科學健康地選擇伴侶是最聰明的做法。但對於已經走進婚姻的當事人來說，我們就不能輕易勸其離婚了，有句老話叫「寧教人打仔，莫教人分妻」，我們會勸其家人和具有強迫心境的人共同面對這一問題。

解決強迫心境的主要方法是「反強迫」，就是讓強迫心境的人反其道而行，不是讓他停止強迫，這個他也是做不到的，而是反向強迫，譬如他今天就想幹這件事，那麼就偏偏讓他強迫自己去幹另外一件事，久而久之他就會形成一種抑制強迫心境和強迫行為的習慣，只要堅持就能做到。

Lesson
15

面對
有家庭暴力的婚姻

說起家暴，大家對這種行為都深惡痛絕，就連有些施暴者在施暴過後也會對自己的醜惡行為深感痛恨，但他們沒有辦法控制自己，發起火來人就會變得像個惡魔，把罪惡的魔爪伸向最親近的人。家暴分為肢體暴力和精神暴力，大家可能覺得肢體暴力離我們很遙遠，至少在我們的周圍並不多見，其實並不儘然，那只是因為有些家暴沒有鬧得滿城風雨而已。大多數家暴不會出太大動靜，但動手強度未必很低，扭打、抓傷，甚至拳腳相加可能都有，只是被打的一方沒有大聲呼喊求助，外人很難知曉罷了。

那為甚麼被打的一方不大聲呼喊求助呢？原因很簡單，就是我們常說的「家醜不可外揚」，因此打掉的牙只能往肚子裏咽，死活不願讓外人知道。這反倒助長了施暴者的囂張氣焰，因為他知道對方也不想把動靜鬧大，所以施暴者會更加肆無忌憚、有恃無恐。

家暴的形成機制

家暴是怎樣形成的呢？真的就像有些人認為的那樣，是因為施暴者的脾氣不好或素質低下嗎？其實，未必是這麼回事。有些施暴者在外人看來脾氣很好，甚至是溫文爾雅的，很多施暴者都有這樣的假

像，外人根本看不到他窮凶極惡的那一面。其實，施暴者裏面也不乏有學識、有涵養的人，如果沒有爆出他的家暴醜聞，誰也想不到這樣的人有家暴行為。

為甚麼一些有學識、有涵養的人也會有家暴這種十分惡劣的行為呢？大家可能百思不得其解，這需要從家暴的形成原因和形成過程說起。相信瞭解了家暴的形成原因和過程，大家就會恍然大悟，哦！原來家暴是這麼回事！

首先告訴大家一個結論，家暴是會「遺傳」的。為甚麼這裏要加個引號呢？因為我們說的不是生理上的遺傳，而指的是跟着父母學來的。有些人可能會說有的施暴者他們的父母好像也沒有家暴現象啊！這是因為大家對家暴的概念和理解還不夠全面。有些施暴者的父母雖然沒有嚴重的肢體暴力，但未必沒有嚴重的精神暴力，比如夫妻之間有經常性的語言攻擊或經常相互詆毀，甚至一方對另一方有嚴重的精神虐待等，這些統統都屬家庭暴力。大家可能僅僅把肢體暴力看成是家庭暴力，但其實，精神暴力對家人的摧殘也是很嚴重的，其危

害不亞於肢體暴力。這就解釋了為甚麼有些施暴者，他們的父母之間並沒有嚴重的肢體暴力，而他們卻出現了這種問題。

這些影響是這樣產生的：當父母之間發生「戰爭」的時候，孩子並不知道父母之間發生「戰爭」的具體原因，但卻觀摩了他們「戰爭」的全過程，無論是何種方式的「戰爭」，孩子都會受到驚嚇，這是毫無疑問的。肢體暴力使孩子受到的驚嚇會很嚴重，不過冷暴力或語言暴力對孩子的影響也是久遠的。

父母之間長期的「戰爭」會讓孩子對親人之間這種解決爭端的方式習以為常，即使孩子非常厭惡父母之間的「戰爭」，但是沒有辦法，他就是在這種環境下長大的，對和諧的家庭關係根本沒有任何印象和概念。因此，當他長大之後，自己面對夫妻之間的矛盾時，他也只能用這一種方式去應對。有些施暴者自己也非常痛恨父母間的家暴行為，從小就發誓長大了堅決不做父母這樣的人，堅決抵制暴力，但遺憾的是，真到了自己面對婚姻問題的時候，他卻不自覺地學習父母的樣子，又回到了他最痛恨的場景中，對對方動用暴力。

從小在父母家暴環境中長大的人，潛意識裏會有一個憤怒的「影子」，只要夫妻間一有矛盾，這個「影子」就會出現，或者說憤怒的情緒就開始醞釀，這種情緒是埋藏在他心裏深處的，不發生矛盾的時候不被激活，一產生矛盾，就會馬上被激活。當自己的配偶不斷和自己爭執甚至埋怨、怪罪、指責自己的時候，潛意識裏的那些仇恨就會從深層記憶上升到淺層記憶，再提升到表面記憶，變成非常清晰的「戰爭」記憶，這時候憤怒的情緒就已經處在點火狀態了，如果配偶

再不停止，繼續爭執、譴責甚至羞辱他，這些負面的憤怒情緒就會噴發，一場嚴重的家庭暴力就不可避免了，這就是家暴的形成過程。

施暴者的憤怒情緒在實施暴力之前是可以控制的，但一旦超過臨界點，由憤怒情緒轉為暴力行為，想控制就非常困難了，這時的人就像個歇斯底里的瘋子，必須發洩到筋疲力盡才會停止。

制「暴」有妙招

講述完了家暴的形成過程，大家應該更想知道，我們應該怎樣解決這個問題吧？我的態度有兩個方面，對於被家庭暴力傷害的人來說，我建議他們「零容忍」，拿起法律武器保護自己；對於嚴重的家暴行為，就直接掏「紅牌」：離婚，絕不能姑息遷就。否則，家暴是會讓人上癮的，施暴方一看被家暴的配偶也沒甚麼太大的反應，就這麼糊塗地過去了，那麼下次火氣上來的時候他還會繼續施暴，因為他沒有得到應有的懲罰。

現在家暴入刑了，這對抑制家庭暴力、懲處家庭暴力犯罪都是個巨大的利好，但從現實的實施情況來看，效果並不是那麼理想。現實中經常出現這樣的情況，女方被男方打了，女方報了警，可真到了警方把男方控制住，進行處罰的時候，女方又反悔了，為甚麼呢？因為一旦警方拘留了對方，那麼接下來對婚姻家庭的影響就很明顯了，首先，男方會因觸犯法律被判刑，進而會丟掉工作，這是最現實的問題；其次，可能會影響到孩子將來的發展，畢竟有個被法律處理過的父親，對孩子來說是一個很大的心理負擔。所以，很多舉報了配

偶有家暴行為的人，最後又自己撤訴了，施暴者得以逍遙法外、繼續作惡。

我建議施暴者都學習以下這種心理學的方法，叫「制暴三步法」，如果能夠通過自我干預來解決自己的家暴問題，那婚姻關係還是可以維繫的，如果還是解決不了，那就請放手婚姻，別救不了自己又去禍害別人。

「制暴三步法」的第一步叫「離開應激源」。當兩個人發生爭執的時候，有家暴行為的人必須強制自己無條件地離開。因為這時的暴怒情緒正在醞釀之中，有家暴行為的人，自己要清楚接下來可能會出

現的後果，所以必須無條件地強制自己離開矛盾現場。當然，這也需要配偶給予一定的配合。按一般常理來講，夫妻間的矛盾應該通過溝通交流來解決，但具有暴力傾向的人在矛盾激發的時候容易失控，所以，先讓他離開，這有助於控制雙方矛盾不被激化。

第二步叫「轉移注意力」。如果第一步沒有做到，或條件不允許，沒辦法離開應激源，有家暴行為的人必須強制自己轉移注意力，別把注意力集中在夫妻或家庭矛盾的爭執點上，譬如把眼睛轉向其他事物，或者轉身去做其他的事情，總之把注意力從夫妻的矛盾點上移開。

第三步叫「心理暗示法」。即自己在心裏默默地告訴自己，對方是自己最親的人，沒有她就沒有家，沒有了家自己必將孤獨終老，所以自己應該愛護她，她有不滿證明自己做得不夠好。另外也可以鼓足勇氣，強迫自己說一句「對不起，是我錯了，我可能有很多地方沒有理解你」，說出來一切仇恨都會瞬間化解。

這三步做下來，一般的憤怒情緒或暴力傾向都會被控制住，甚至會被基本消除，希望有暴力傾向的人都學習一下這個方法，對自己、對他人、對家庭百利而無一害。

Lesson
16

面對
形式婚姻

何為形式婚姻

　　估計很多人對形式婚姻這個詞感覺很陌生，那甚麼叫形式婚姻呢？顧名思義就是形式上的婚姻，即有結婚證書，但沒有實質性「內容」的婚姻。這種婚姻在年輕人和老年人當中很少見，在中年人當中還是大量存在的，就是因為在中年時期，很多人把感情放在了外面，婚姻家庭成了擺設，夫妻關係形同虛設，但因種種原因又不好離婚，所以，婚姻家庭關係就這麼名存實亡地存續着，成了我們這一節要講的形式婚姻。

　　為甚麼會有這種婚姻呢？為甚麼會在中年這個特殊的年齡階段出現這種問題呢？這是由婚姻的特殊性決定的。一般來說，一對男女進入婚姻後會有一段相對甜蜜幸福的時間，這個時間段可長可短，因人而異，這是兩人在婚姻中最快樂的時光。到了「收穫的季節」，即雙方或者其中一方工作稍有起色、經濟收入稍有增長、家庭條件稍有改善的時候，兩人的關係就開始出現各種各樣的問題，有收入增長與需求增長不平衡的問題，有付出感與滿足感不均衡的問題，有貢獻大小與心理企及不平衡的問題，還有愛情轉化為親情後熱情降低、感

情變淡的問題等等。這一系列問題都會使夫妻之間出現感情上的倦怠，中年感情危機就是在這些問題的基礎上產生的。

面對感情危機，中年夫妻都不知道應該用怎樣的心態和方法來應對，這個時候兩人就開始產生各種各樣的爭執、指責、埋怨、怪罪，其結果無一例外都是二人的關係愈弄愈僵，感情愈吵愈淡，外遇大部分都是在這個時間段產生的。

一旦其中一方有了外遇，他就開始逐漸疏遠婚姻，或者找各種理由不回家，而且對外面愈來愈留戀，對家庭和婚姻愈來愈冷淡。這個階段一般會持續很長一段時間，少則幾年，多則十幾年，甚至幾十年，一旦形成這樣一種婚外戀持續狀態，婚姻關係基本上就形同虛設了。

可能有人會提出異議，既然婚內沒有感情了，為甚麼不離了婚和婚外有感情的人結婚呢？這個問題問得好，從理性的角度來看這樣是很美好的，但現實情況是這條路並不好走，主要有這樣幾個問題。首先是雙方家庭的阻礙。離婚就得面對雙方的父母，這對有些夫妻來說就是一道很大的坎。其次就是孩子的問題。孩子的撫養、教育以及戀愛、結婚等都是夫妻尤其是妻子考慮最多的問題。第三就是各自的名譽問題。很多人不願面對離婚，感覺很丟臉，所以寧願維繫當下毫無生機、毫無意義的形式婚姻，也不願放手；第四是再組建家庭時引起的諸多非議和問題。

離婚然後再婚對於一個相對傳統的人來說不是一件容易的事情，很多有了婚外戀的人寧願保持着形式婚姻，也不想離了婚以後再婚，就是因為離婚的麻煩和顧慮太多，再婚的願望又不是那麼強烈，所以才把婚外戀當成是不幸婚姻的補充。

「齒輪現象」

有位男士，他的妻子長得很漂亮，兒子剛上大學，而他一沒錢，二沒權，三沒地位，說白了就是個最最普通的上班族，按道理講應該是沒甚麼資本去找外遇的。但就是這樣一個人卻也在外面找了個情人。他找的這個情人還是職位高級的人員，各方面條件都不錯，但婚姻不幸，丈夫在外面也有了情人，所以她在感情上很空虛，偶爾就上網打發時間，結果就在網上遇見了這位沒甚麼本事但也喜歡拈花惹草的男士。兩個人愈聊愈曖昧，後來逐漸發展成情人關係。他們的關

係保持了好多年。其實這位男士的妻子對此是有感覺的，但就是因為孩子還太小，也有上面說的那些顧慮，始終不願走離婚的那一步，慢慢地也就懶得管他了，兩個人的心愈來愈遠，感情愈來愈淡，裂痕愈來愈深。後來妻子在一次高中同學的聚會中與一個老同學聊上了，二人也保持了好多年的婚外戀關係。

以上這個案例中的這幾個家庭都屬形式婚姻，婚姻裏的夫妻雙方都在糊弄着過日子。有位心理學家曾說，這樣的婚姻就像兩個齒輪嚙合在一起，一個齒輪的齒推着另一個齒輪的齒旋轉，就相當於一個家庭的男人追着另外一個家庭的女人跑，而自己家庭的女人又被別的家庭的男人追着跑；每個家庭的男人都把心和力放在了別的女人身上，忽略了自己的女人，而別的男人又填補了自己的空缺。這一現象被稱為「齒輪現象」，比喻得非常形象。

 ## 形式婚姻對婚姻家庭的危害

形式婚姻對婚姻家庭的危害是非常大的。一個人在他人生當中最好的時光中沒有體會到最幸福的婚姻家庭生活，等到老了的時候才認識到，自己的一生是非常不幸的，該做的事情沒做，不該做的事情做了很多，該負的責任沒負，不該負擔的責任卻耗費了自己很大的精力，這是一件多麼悲慘的事情。

　　所有在中年時期放任自己的行為，把婚姻當兒戲的人在行將老去時都直呼後悔，但他們呼喊的聲音大多都在心裏，幾乎都說不出口，即使說出來也沒人願意去傾聽，所以，他們大都在悔恨中離世。悔恨甚麼呢？就是悔恨自己中年這段時光的不作為、亂作為，對最該愛護的人沒去愛護，對最該疼愛的人沒去疼愛，以至於到了暮暮晚年，想改善關係卻已經無能為力了。所以，奉勸大家，在中年時一定要經營好自己的婚姻，千萬不要掉以輕心，踏錯一步，一生的災難就「鑄成」了，切記！切記！

Lesson 17

面對
無性婚姻

為何會有無性婚姻

無性婚姻，以前我們很少聽到，離我們每個人的生活很遙遠，但現在無性婚姻的問題正在擴大和蔓延，侵害着很多家庭。

只要婚姻中有一方出現了婚外戀，那婚內無性將是必然的趨勢，這個道理大家應該是明白的。只是我們身邊到底有多少家庭出現了婚外戀問題，我們誰都說不清楚，因為這畢竟都是個人的隱私。有這樣一句話描述當下的出軌現象，我覺得說得很形象：很多人有條件要出軌，沒有條件創造條件也要出軌。這肯定是一句調侃的話，但其中是有真實含義的，確實說明了現在出軌的行為大行其道，影響着很多家庭。

既然出軌的問題那麼普遍，那對婚姻尤其是夫妻之間兩性關係的影響就一定會存在嗎？難道不能和情人、配偶同時擁有和諧的兩性關係嗎？明確地告訴大家，長期這樣是不可能的。能同時擁有這兩種密切的兩性關係只能在婚外戀的初期，這時出軌的一方和婚外戀的關係還不太密切，婚內的夫妻生活是可以同時擁有的，但質量也會受到

一定程度的影響，譬如會出現性生活時間變短、興趣下降、疲於應付、不願配合等情況。

性行為有其特殊的性質，在這裏有必要給大家詳細介紹一下男女在性行為和性心理方面的相關知識，以便大家正確認識兩性的性行為。

性作為人的基本生理需求，在兩性關係中起着非常重要的作用。一般來說，男人的性具有廣泛的指向性，不會只指向一個異性，當然這是從一般意義上來說的。而女人的兩性關係是一定要附帶相關條件的，要麼附帶情感條件，這是絕大多數女人的性關係基礎要件；要麼是經濟條件，有些女人可以不愛對方而接受對方的性，但要附帶經濟條件。還有一種情況是，女人婚內情感、愛與性生活高強度缺失，這時她們可以在不附帶情感或經濟條件下與異性媾和，但這純粹是為了彌補婚內情感與性愛缺失的。

從年齡階段上來看，男人在 20 到 40 歲之間很容易和不同的異性發生性關係。而女人在這個年齡段，只願意和配偶發生性關係，很難和其他異性發生兩性關係。

但在 40 到 50 歲之間，女人就比較容易和其他異性發生兩性關係了，這與女人婚內情感與性愛的長期缺失有關。她們在經歷了長期堅韌的婚姻值守之後，其性操守也會發生根本性的動搖，她們會放棄守原則而開始婚外性生活。當然，這時女人的兩性關係交往也不像男

人那麼隨便，只是和年輕時相比性操守、性觀念有所不同而已，她們可能會有選擇地、有條件地接受婚外異性的性愛撫、性撫慰。而男人的兩性關係會由原來的廣泛性轉向相對的單一性，這與男人的性能力趨弱有關。一般情況下，這個年紀的男人，只要有婚外戀，其婚內都是無性的，這個年齡段的女人也是一樣的，一旦有了固定的婚外性伴侶，也會對婚外的性伴侶形成依賴，對丈夫產生性排斥。

　　進入 60 歲以後，一般情況下，男人和女人會逐漸回歸各自的家庭，即使還保持着婚外戀，與婚外對象的兩性關係強度也會明顯降低。當然，回歸各自家庭之後，夫妻之間多半還是無性的，這是因為長期的夫妻性關係冷僻引起的，夫妻二人並不是不可以發生性關係，而是相互之間有很深的心理鴻溝，很難逾越，所以，無性婚姻會一直持續到生命的結束。這期間有的人依然還會偶爾在外面滿足自己的生理需求，這就是無性婚姻及男女兩性關係的基本規律。

　　對於無性婚姻，有些人可能不以為然，尤其是男人，總覺得自己有性伴侶能滿足自己的性欲望就可以了，殊不知，在性關係方面誰也不是傻瓜，一天兩天能騙得過對方，時間長了，紙是包不住火的，終究會被對方知道。所以，解決無性婚姻的根本出路就在於杜絕婚外戀，可以說婚外戀是無性婚姻的罪魁禍首。

　　兩性關係本來是非常純潔美好的夫妻潤滑劑，但被很多人無情地葬送了，這種關係一旦受損，想恢復如初幾乎是不可能的。婚內良好的夫妻性關係必須以良好的夫妻感情為基礎，夫妻間要相互愛戴、彼此忠誠。

修煉婚姻

大闖關

Lesson 18
進入婚姻之前
最好做婚姻諮詢

婚姻諮詢的必要性

婚姻是人一輩子的大事，儘管現在的年輕人對婚姻的看法和態度與過去有所不同，未必把婚姻看得那麼神聖和不可逆轉，但婚姻仍然是關乎人一生的大事，還需要非常認真、慎重和嚴肅地對待。

每個人的婚姻都會遇到一些問題，但其實很多問題是兩個人還沒進入婚姻的時候就存在着的，只是結婚的時候兩人都太年輕，根本看不到這些問題。結婚後在一起過日子，兩人就得面對很多現實問題，這時，婚前沒注意到的那些潛在問題就都浮出水面了，但畢竟已經結婚，甚至已經有孩子了，總不能隨隨便便就離婚啊！因此大多數夫妻就只能這麼湊合着過，今天吵，明天和，日子過得磕磕絆絆，這就是大多數婚姻的真實寫照。

其實，每個人的心理狀態、人格特徵和意識習慣基本上都是固化了的，在婚前就已經很明顯了，只是談戀愛的時候，人以愛情至上，年紀又輕，根本沒有注意彼此的心理、人格和行為習慣方面的問題，但這些問題確實會對婚姻造成很大的影響。所以，在進入婚姻之前，兩個人一定要做一下婚姻諮詢，這對兩個人以及他們的婚姻有百利而無一害。

婚姻諮詢的主要內容

婚姻諮詢的主要內容有以下幾個方面。

一、心理健康程度的檢查

我們常說，人吃五穀雜糧沒有不生病的，同樣的道理，人在繁雜的社會中生活、成長，心理完全不受負面因素的影響也是不可能的。換句話說心理完全健康的人基本是不存在的，人都會有這樣或者那樣的問題，這很正常。但如果問題比較突出，超過了正常的範圍，那就有可能導致人的心理失衡，只不過作為當事人的自己沒有這方面的知識，沒有辦法進行判斷。下面我列一些健康心理的標準，大家可以對照一下，如果自己符合這些標準，那就說明自己的心理是健康的或者基本上是健康的。

第一條，有適度的安全感，有自尊心，對自我的成就有價值感、榮譽感。這一條主要鑒定人是否有自尊、自信，以及是否有自我成就的能力和感覺。

第二條，適度地自我批評，不過分誇耀自己，也不過分苛責自己。這一條強調人是否能客觀地對待自己。

第三條，在日常生活中，具有適度的主動性，不被環境左右。這一條強調人把控自己的能力，是否會輕易被環境牽着走，是否有自己的定力。

　　第四條，理智、客觀，與現實有良好的接觸，能接受生活中的不如意，對挫折有耐受性，無過度幻想。這一條很重要，用來判斷一個人的抗挫折能力和社會適應能力，這是一個人心理健康的重要標誌。

　　第五條，適度地接受個人的需要，並具有滿足這種需要的能力。就是說每個人的自我需要是本能的，但怎樣來滿足自身的這種需要是一種能力，心理健康的人會用適當的方式滿足自我的需要，而心理不健康的人往往缺少這種能力，或者把這種能力變成了另一種不健康的變異能力，比如具有反社會性質的、破壞性的或損害他人利益的行為等。

　　第六條，能保持人格的完整性，個人的價值觀能適應社會的標準，對自己的工作能集中注意力，簡單來說就是主客觀意識能統一。

　　第七條，有切合實際的生活目標，即現實的生活態度。

第八條，具有從經驗中學習的能力，能適應環境的需要，及時改變自己。

第九條，有良好的人際關係，有愛人的能力和被愛的能力。在不違背社會原則的前提下，能保持自己的個性，既不過分阿諛奉承別人，也不過分尋求別人的贊許，有個人獨立的意見和見解，有判斷是非的標準。概括起來講，就是要堅持自我，適應社會，廣泛接納而又不隨波逐流，這也是心理健康的一條很重要的標準。

二、人格健康程度的檢查

主要有以下這樣幾個判斷標準。

第一條，現實態度。

人格健康的人勇於面對現實，不管現實對他來說是否美好。譬如，他喜歡駕車，但可以意識到開車會遇到種種危險，因此會經常檢查行車系統、車胎、車燈等部件。而一個人格不健康或不成熟的人一般想不到會有危險發生，更不會採取預防的措施。

第二條，獨立性。

人格健康的人辦事很理智、很穩重，並會適當聽取他人的合理建議。而一個人格不健康或不成熟的人，常會感到遇事很難下決心，總希望別人來指點他應該如何行動。前者能夠做出決定，並樂於承擔由此而帶來的一切後果，而後者出了差錯就推卸責任、怨天尤人，有了成績就過分誇耀、要求表揚。

第三條，愛別人的能力。

人格健康、成熟的人，能從愛自己的配偶、孩子、親戚，甚至從幫助陌生人的行為當中得到樂趣。相反，一個人格不健康或者不成熟的人對別人很吝嗇，總希望自己是人們關注的焦點。

第四條，依靠他人。

人格健康的人不但可以愛他人，也樂於接受別人對自己的幫助和愛。自如地接受別人的幫助和給予是一個人人格成熟和健康的表現。

第五條，發怒自控。

人格健康的人即使是在生氣的時候也能把握好分寸，不會失去理智。他也會發脾氣，但絕不會因為一些雞毛蒜皮的小事而大發雷霆。

第六條，長遠打算。

人格健康的人會為了長遠的利益而放棄眼前利益，如同一個精明的商人，不會因為短期利益而冒險做違法的事。

第七條，善於休息。

人格健康的人在休息的時候會心境坦然、盡情放鬆，工作的時候會精力充沛、全力以赴。相反，一個情緒不太穩定、人格不太健康的人常感到是被迫在做某些事情，很少能從休息中獲得快樂。

第八條，慎重態度。

人格健康的人非常喜歡自己的工作，不會見異思遷，不會因為有個別的上司不好相處而輕易調換工作，因為人格健康的人有幹好工作的熱情和能力，不會因某些不積極的外界因素干擾和影響自己能力的發揮。

第九條，對感情負責。

人格健康的人能包容理解他人，感情專一，家庭至上，能與周圍的人和諧相處。

三、意識和行為健康程度的檢查

主要有以下幾個判斷標準。

第一，陽光開朗，無論做甚麼事都滿懷信心，面對困難不妥協、不氣餒、不埋怨，能積極地面對困難和問題。

　　第二，情緒穩定，遇事心平氣和，即使在遭遇重大挫折或重大事件的時候，情緒也在可控範圍內，不會過度發洩不滿、不良情緒。情緒是判斷一個人意志和行為特徵最好的依據。

　　第三，為人厚道，尊老愛幼，有公德心和公共意識，愛護環境，能和周圍環境和諧相處。

　　第四，樂善好施，助人為樂，和那些看起來與自己無關的人能友好相處。

　　第五，不貪圖私利，能夠很好地維護自己的權益，能抵禦各種不良誘惑，不唯利是圖，不損人利己。

　　第六，重視親情、友情，對待親朋好友非常尊重，能夠處理好各種關係，婚姻家庭關係和諧，朋友同事關係融洽。

　　第七，熱愛生活，飲食起居習慣合理健康，生活態度積極健康，喜歡多元化的生活方式，愛好運動，喜歡學習，興趣廣泛，身體健康。

　　以上的檢查內容是標準化的，某些內容有相似的地方，但側重點不同。這只是個理想化的標準，實際上能達到這些標準的人不多，這就需要大家掌握一個合理的尺度，看自己在一個怎樣的範圍之內，譬如心理健康的九項標準，能達到六項就相當不錯了，應該算是比較健康的了。滿足的條件愈多說明愈健康，愈少就說明健康程度愈差，如果只有一條滿足，甚至一條也沒有，那就說明心理健康程度是不達標的，甚至是受損的，就應該進行心理諮詢，想辦法提高自己的心理健康水平。

　　人格和意識行為健康標準也是如此，愈低就愈要引起重視，別不以為然，因為心理和人格是影響一個人成長、工作、事業和婚姻家庭的基礎性因素，心理和人格不健康一定要通過科學合理的手段加以調整，否則將會給自己、給家人、給工作和事業帶來非常大的負面影響。

　　婚前檢查最重要的目的在於早一點發現自己的不足，早一點採取措施，不要等問題發展到很嚴重的地步，已經對自己、對事業、對婚姻、對家庭造成不可挽回的影響，再進行挽救和調整，那可能為時已晚。這一點特別像我們現在經常進行的體檢。過去我們意識不到每年體檢的重要性，現在大家已經普遍接受了這樣一種科學的方式，每

年體檢，早發現問題，早預防治療，可以大大提高我們的身體健康水平。

心理健康也是同樣的道理，婚前就進行科學的檢查，專家會結合當事人心理檢查的結果對其進行全方位的指導，告訴當事人自身的性格缺陷是甚麼，心理弱點是甚麼，意識行為特點是甚麼，擁有這些特點的人在進入婚姻以後容易發生怎樣的問題，產生怎樣的後果……這是有規律可循的。這些檢查和指導對年輕人來說都是非常重要的，可以讓年輕人少走彎路，少犯錯誤，對提升婚姻家庭的健康幸福程度至關重要。

所以，我建議大家，尤其是馬上要進入婚姻的年輕人，在結婚之前一定要找婚姻心理學家做人格和心理健康程度的鑒定。當然，我在這裏要強調一點，一定要找權威專業的專家。現在以假亂真的專家不少，這些冒牌的專家起不到幫助年輕人診察心理的作用，大家應該注意防範。

Lesson 19

人格不健康
極易導致婚姻問題

 ## 人格的形成

　　很多人對人格這個詞既熟悉又陌生，熟悉是因為經常說起這個詞，陌生是因為並不很清楚它的確切含義，往往將其與人品混淆。其實，人品只是人格的一部分。人格是一個非常複雜的概念，是一個人獨特而穩定的性格、氣質以及能力等各方面特徵的總和，包括人生觀、價值觀、行為方式和個性習慣等，應該說包含了人所有的行為及意識特徵。一個人格品質有問題的人，其婚姻一定會出現這樣那樣的問題。

　　這節課我們從人格的形成到對婚姻的影響，做一個系統的解釋。人格是怎樣形成的呢？可以這樣說，40% 來源於遺傳，60% 來源於後天的成長環境。如果夫妻二人有人格方面的問題，我們基本可以斷定他們的下一代會有人格缺陷。有關人格的遺傳問題至今還沒有相關的實驗能證明這一點，因為人格畢竟不是一種生物介質，不可能用儀器或物理化學手段加以測量。但大量的統計數字表明，父母有人格缺陷的話，孩子往往也會有，這基本上是個規律。另外，若從外部影響的角度來觀察一個人的人格形成，我們也能得出這樣的結論：父母的人格問題會通過耳濡目染、潛移默化的方式傳遞給孩子，使孩子

具有類似於父母的人格特點，所謂「父母是孩子的第一任老師」說的也是這個意思。

人格不健康的六個表現

人格不健全主要體現在以下六個方面，對婚姻產生的消極影響非常大。

一、自以為是，偏執極端

這是有人格缺陷的人最常見、最普遍的特徵。有人格缺陷的人總以自己的主觀意識揣測和臆斷客觀事物，如果客觀反映不符合他們的主觀臆斷，他們就否定客觀，遵從主觀。所以，在外人看來，有人

格缺陷的人總是活在自我當中，和外界格格不入，不接受他人的意見和建議。這些人看問題還特別極端，非此即彼，從來不會多角度、全方位地看待問題，在他們的眼裏，世界是單一色彩的，黑白分明，沒有中間色。

由於看問題極端片面、做事情偏執任性，他們在處理人際關係、家庭關係、夫妻關係甚至是親子關係時，往往毫不收斂，把各種關係都搞得非常緊張，卻全然不知自己的所作所為有何不妥，甚至還把責任全都推到對方身上，令對方痛苦難忍、叫苦不迭。

二、抗挫折力低下

有人格缺陷的人第二個普遍的特徵是抗挫折力低下，不能承受一點挫折，遇到問題就迴避，遇到困難就逃避，從來不敢正面面對，更別說解決了。在他們眼裏，矛盾和困難都是不可接受的，或者說他們認為在自己的一生當中就不應該有矛盾和問題，有了就是對方有意在和他們作對。

因為抗挫折力低下，不敢面對問題，所以，在面對婚姻家庭矛盾或職場矛盾時，他們往往無力應對，有時甚至會洋相百出，就像個長不大的孩子一樣，做出來的事、說出來的話都非常幼稚甚至可笑。作為一個成年人，理應擔負起自己對家庭的責任，這些責任主要表現為解決問題、排解矛盾、建立秩序、樹立榜樣，而人格缺陷者恰恰在這些方面捉襟見肘，因此必然會給婚姻、家庭、親子乃至職場關係等帶來嚴重傷害。

三、情緒化

情緒化是有人格缺陷的人的第三個普遍特徵。這樣的人中，不少都受過高等教育，但他們脾氣暴躁，動輒就發怒，遇事極不冷靜，給人一種沒素質、缺教養的感覺。但其實，他們這樣的表現與他們所受的教育無關，是因為他們的人格有缺陷，使得他們掌控不了自己，管不住自己的情緒。

情緒化的人是很容易惹事、壞事的，很多糾紛或鄰里、家庭衝突就是因為易情緒化的人沒有處理好自己的情緒，把小事情搞成了大事情，把小矛盾演化成了大矛盾，最終才引發的。這種人對家人的傷害會更嚴重，動輒就暴怒不止，有時還會暴力相加，在家人面前他們永遠都是管理者，是至高無上的，是不容冒犯的。

四、生活態度消極

這也是有人格缺陷的人的一大通病，其消極悲觀的意識與他們的地位、財富和學歷也無關。這樣的人從來不從積極的層面、陽光的層面看問題，而總是從消極、被動，甚至是齷齪、陰險的層面出發，給人冷酷無情的感覺。如果親人當中有這樣一位人格缺陷者，家庭氣氛是可想而知的。

五、性格內向，不善交往

幾乎所有的人格缺陷者都有性格方面的問題，多半是性格內向，也有極少數的人會表現得極端外向，但這種外向肯定不是健康範圍內的外向，而往往更接近於躁狂。內向帶來的最直接後果就是不善

交往，與人溝通困難，這樣的人奉行的原則是多一事不如少一事，遇人遇事寧肯躲着走，也絕不主動打招呼、往前湊。

六、過分執著，情商低下

這也是人格缺陷者比較普遍的特徵，做事過分追求極致、追求完美，不達目的不罷休，弄得自己和他人都很疲乏、很勞累。這種人說話做事雖很認真，但好說一些傷人的話、做一些傷人的事情，他自己卻全然不知。他們的情商低得可憐，但智商不一定低下，有的甚至還很聰明，在某些方面有着過人的智慧或本領。

這種人平常對家庭的貢獻可能不小，有的甚至還做出過巨大的犧牲，但因為其情商低下，說話、辦事總不太着調，也常常令家人心生反感，這種現象極為普遍。

如果遇到人格不健康的配偶，婚姻的健康程度就要看其人格受損的程度了。非常嚴重的話，這個婚姻就屬「癌症」婚姻了。關於「癌症」婚姻後面我會專門用一課來介紹，判斷的依據主要是上面提到的這六項標準，如果偏離的程度很重，那挽救和改造起來就會很難，所以，建議放棄婚姻；如果有些偏離，但還不至於非常嚴重，那就建議改善人格，挽救婚姻。

　　改善人格缺陷確實不是一件很容易的事，首先要進行系統的認知改造。所有人格有缺陷的人，其認知都是有問題的，改變其認知是第一步。第二步是重塑價值觀，大家知道，價值觀貫穿了人整個成長過程，如果一個人的價值觀出了問題，那對他而言是一件非常糟糕的事情。但如果能勇敢面對，從認識新的概念、新的理論開始，一點一滴地積累，新的價值觀是能夠建立起來的。第三步是建立科學的行為模式，這是非常重要的環節。人格缺陷者自己找到周圍人格非常健康的朋友、鄰居或同事，拿對方做榜樣，最好是與對方成為朋友，模仿對方的一舉一動，從最基本的意識觀念學起，慢慢就會形成自己的健康模式。中國有句古話說得很好，近朱者赤，近墨者黑，只要和人格健康的人多交往，不健康的人格也會因受到積極的影響和帶動而慢慢變好。

　　只要人格有所改變，婚姻的基礎就會改變，婚姻問題的性質也就會隨之改變。大家一定要記住，人格是婚姻的基石，只要那些人格缺陷者能改善人格，婚姻就有希望走向幸福。

Lesson
20

心理缺陷
對婚姻的影響

　　心理不健康一定會給婚姻帶來極大的影響，這是毋庸置疑的，但大家知道不健康的心理都有哪些表現嗎？可能籠統地說不健康的心理大家有概念，但對細緻的分類大家就未必有那麼清楚了。下面我就詳細地給大家講講不健康的心理都有哪些，不健康的心理會對婚姻產生哪些影響。

 ## 心理缺陷的幾種形式及各自的表現特徵

　　心理缺陷主要有以下幾種形式。

一、焦慮性心理缺陷

　　前面我們講過焦慮質婚姻、抑鬱質婚姻和強迫質婚姻，那都是因為焦慮、抑鬱和強迫心境給婚姻帶來了影響而造成的，但還不能把那些說成是心理障礙或心理缺陷，最多算心理問題，是一種心境情緒而已，而我們現在說的心理缺陷就比心理問題或者心境情緒要嚴重一些了。

　　心理缺陷當中，焦慮性心理缺陷是最常見的，也是對人影響最廣、最大的一種心理缺陷。焦慮性心理缺陷表現為不明原因的擔心害

怕，常常會緊張不安、心煩意亂、憂心忡忡，會經常毫無緣由地悲嘆，碰上一點小事就坐立不安，遇到一點壓力就慌張得不知所措，注意力難以集中，無法完成工作任務，並伴有身體的不適感，如出汗、口乾、心悸、嗓子有堵塞感、失眠等。

焦慮和緊張是不同的，焦慮是面對未來而言的，緊張是面對現實而言的。甚麼情況會讓人產生焦慮呢？一般來講不確定事件就容易使人產生焦慮。如果是廣泛性的焦慮，且持續時間超過六個月，那就是焦慮症了。短時間的焦慮只是一種焦慮現象，人人都會有對未來事件的擔憂，這種焦慮不必過分擔心。

焦慮性心理缺陷的特徵主要有：

（1）思緒紊亂，注意力不集中或會選擇性注意，即關心的問題會注意到，不關心的問題即使在眼前也關注不到。

（2）對所有期待的事情都過分擔憂。

（3）過於激動緊張，有時會歇斯底里，這是焦慮性心理缺陷的明顯症狀。

（4）有不同程度的睡眠障礙或反復做噩夢的情況。

廣泛性的焦慮幾乎是一切心理障礙的一般特徵。驚恐症也是一種以焦慮為基礎的心理障礙。 另外有焦慮性心理缺陷的人還有以下六種病態的完美主義傾向：

（1）過度地自我批評，總覺得自己做得不夠好，感覺再做一次會更好。

（2）過度地懼怕失敗，有做事一定要成功的完美理念。

（3）不切實際地追求自己設定的目標，不達目的誓不罷休。

（4）沒能達到目的便飽受折磨，過度自責甚至會痛不欲生。

（5）很少有幸福的感受，生活期望值虛高、不實際。

（6）喜歡把意志強加給別人，讓別人無條件地服從自己。

二、抑鬱性心理缺陷

抑鬱性心理缺陷的主要表現為情緒持續低落，鬱鬱寡歡，悲觀厭世，心理功能下降，自我評價降低，不願與人交往，情緒呆板，總以「灰色」的心情看待一切，對甚麼都不感興趣，內心體驗多為不幸、苦悶、無助、無望，總感覺活着沒有意思。

其主要特徵有：

（1）對事物沒有興趣，沒有快樂感和幸福感，即便是家庭或親人的喜事也無法從中感覺到快樂。

（2）人際關係緊張，看誰都不順眼，缺乏親情感；

（3）自我評價低，無自我價值感。

三、強迫性心理缺陷

強迫性心理缺陷的主要表現為做事反復思考，猶豫不決，自知不必想的事仍反復想，不該做的事仍反復做。強迫性心理缺陷常見的特徵有以下幾點：

（1）強迫觀念，如有些觀念長期存在於自己的腦海裏揮之不去，明知道是不對的，但也沒辦法去除。

（2）強迫意向或強迫衝動，比如遇到一定的刺激就激動，遇到一定的場景就會激發起固定的意識或想法。

（3）強迫動作，這就更常見了，如反復關門、反復洗手等。

四、恐懼性心理缺陷

有恐懼性心理缺陷的人，其害怕的對象在一般人看來並沒有甚麼可怕的，但他們仍會出現強制性的迴避意願和緊張、焦慮、眩暈等心理反應，如畏高症、利器恐懼、動物恐懼、廣場恐懼及社交恐懼等。其中社交恐懼較為常見，主要表現就是赤面恐懼，即在眾人面前

臉紅，易驚恐失措，不敢正視對方，害怕被別人看透自己的心思。

五、疑病性心理缺陷

　　疑病性心理缺陷實際上就是敏感多疑性心理缺陷，這是一種敏感多疑的不健康心理，在人際交往中，表現為總懷疑對方不真誠或不懷好意；在夫妻關係中，多表現為懷疑配偶出軌，敏感於對方的一舉一動，總覺得對方有隱私；在親子關係中，則表現為總擔心孩子不好好學習，擔心孩子今後沒有好的前程；放在職場中，則表現為懷疑各種交往和各種關係的真實性，總懷疑有陷阱等。

　　疑病性心理缺陷的人總是活在惶恐當中，總覺得自己不安全，時刻擔心別人會背叛自己，甚至拋棄自己，自信心嚴重缺乏。在婚姻中，這樣的人會將配偶正常的社交想像成出軌或疑似出軌，整天拷問

配偶。當然，這要和那些有確鑿證據的出軌事實區別開，有些人是真的出軌而且證據確鑿，那麼這時配偶的懷疑和拷問就不算敏感和多疑。

六、躁狂性心理缺陷

躁狂性心理缺陷，也有人將其稱為躁狂症，不過專業上來講，兩者略有程度上的差別，前者程度輕些，後者更為嚴重些。有這種心理缺陷的人思維奔逸，睡眠減少，言語增多，且表情誇張，動作奔放。他們喜歡在人前賣弄，人愈多，情緒愈高漲，喜歡辯論，喜歡設立對立面，語言上多有攻擊性。這種心理缺陷往往與偏執性人格障礙相伴隨，這樣的人誇誇其談，自命不凡，實則眼高手低，說的和做的都跟事實相差甚遠。

婚姻中心理健康的一方是無法跟這種人真誠相對的，他們只接受自己認定的事。有這種心理缺陷的人，最好儘早就醫，醫學心理學完全可以有效地解決這類缺陷，當然前提是他們願意接受和配合治療。

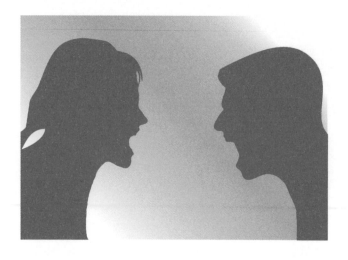

七、淡漠性心理缺陷

淡漠性心理缺陷，有人將其稱為淡漠症，兩者的區別也是前者程度要輕一些，後者程度更嚴重一些。淡漠性心理缺陷顧名思義就是情感淡漠，這類人的突出特點是不苟言笑，整天都板着臉，而且他們也不會表達情感。

由於感情表達方面有缺陷，這些人一般生活得都很孤獨，即使和親人生活在一起也體會不到親情。他們給婚姻帶來的影響是可想而知的，但這絕不是他們故意為之，而是因為他們有嚴重的心理缺陷，是需要矯正的，矯正過後他們也可以像正常人一樣，有幸福的親情關係和快樂的情感表達。

注重個人心理健康維護，從根上解決婚姻問題

心理缺陷主要有以上七種類型，無論哪種類型的缺陷，都會對個體、工作、人際交往產生負面影響，對婚姻家庭關係的影響就更明顯了。要想從根本上解決婚姻家庭問題，就必須要從個體的心理健康維護入手，先解決自身的心理問題，婚姻家庭問題就會迎刃而解，這是治標又治本的最佳方式。

解決心理問題的途徑有很多種，最好的辦法是自我學習、自我成長，通過自學，掌握一些心理學尤其是婚姻心理學的基本知識，通過學習提高自己的心理健康水平，這是最好也是最有效的方法。其次是及時進行心理諮詢，如果自己沒有時間和精力系統學習，那就找一個心理諮詢師來幫助自己，把自己的心理問題找出來，然後在諮詢師

的干預下實現心理的成長和進步。還有一種方式是通過聽講座,逐步積累心理學尤其是婚姻心理學的知識,來提高自己的心理健康程度。

　　無論通過哪種方式,認真對待自己的心理健康問題是關鍵。那些認真面對的人,不管用哪種方式都會有很明顯的進步和變化。就怕有些人明明知道自己心理不健康,但就是不面對,也不採取任何改變的措施,任其發展,那麼心理問題將會伴隨其一生,甚至會愈來愈嚴重。我希望大家認真對待自己的心理健康問題,發現問題,積極面對,儘早解決。

Lesson 21

性格缺陷對婚姻的影響

　　我們常說性格決定命運，沒錯，性格不僅決定命運，更決定一個人的婚姻，且與人有關的很多事情，譬如事業、工作、人際交往、婚姻家庭、親子關係等，都由性格決定。那性格都有哪些類型呢？性格缺陷都有哪些特點呢？我們又該如何改變性格、改善婚姻關係呢？

性格缺陷的類型

　　大致來說，性格缺陷主要有以下七種類型。

一、剛愎自用性格

　　剛愎自用的人一般脾氣都比較暴躁，動輒就雷霆大發、暴怒不止，習慣用高壓和憤怒的情緒壓制對方，極端自我，做事衝動，從不考慮別人的感受，不接受任何反對的聲音。

　　剛愎自用的人在職場中會處處碰壁，因為沒人會一直遷就他，因此，他會在婚姻家庭生活中大肆發洩，畢竟只有家人會忍受甚至縱容他的壞脾氣。長此下去，他在家庭生活中就會有恃無恐，專橫跋扈，耀武揚威，給婚姻家庭帶來嚴重傷害。

二、敏感多疑性格

敏感和多疑是孿生關係，都是由不自信的心理缺陷造成的，敏感多疑性格的人處處提防別人，總害怕被人算計、欺騙和陷害，即使是最親近的人，他們也不完全相信。在他們看來，只有自己是最真實的，其他的都靠不住，這就是敏感多疑性格的人基本的價值觀。

這種懷疑一切的做法很傷感情，尤其會傷害親情。這種性格的人還有一個突出的特點，就是以弱示人，總把自己扮演成弱者，以此喚起別人的同情，希望大家能對他「再真誠」一些，似乎他們生來就是那種免疫力低下的「幼草」，不抗風雨，難抵寒潮，需要人精心呵護。

三、吹噓張揚性格

這類性格和外向陽光的性格是有區別的，後者並不吹噓，也談不上張揚，屬比較健康的性格，而前者則過分張揚，過分吹噓，愛捕風捉影、抬高事實，給人一種華而不實、虛張聲勢的感覺。這種性格的人有時連自己都分不清自己說的哪句話是真的，哪句話是假的，甚至自己活在自己編造的謊言裏，這是極其荒唐的。這類人的人格也被稱為「說謊型人格」。

喜歡吹噓張揚的人沒有甚麼進取心，都習慣於用說大話來自娛自樂，整天遊手好閒，不幹正事，給婚姻家庭帶來的除了負擔就是債務，因為他們會從家裏往外拿錢，美其名曰去投資、去幹大事，其實沒幾個能拿回本錢來的。

四、玩世不恭性格

這種性格的人也是整天遊手好閒的，但和吹噓張揚的性格不同，他們的特點是不思進取，玩世不恭，總在強調自己懷才不遇、生不逢時。玩世不恭的人總認為自己早已看破紅塵，不願隨波逐流，總想靠自己的小智慧、小聰明與「塵世」搏鬥。

玩世不恭的人未必不愛家，但由於缺乏務實的能力，對家庭的付出和貢獻往往極其有限，家人感覺不到他們自詡的那種睿智和聰明給家庭帶來的好處。因此，與這種人一起生活，多半只能湊合過日子，說不上有多幸福。

五、內向拘謹性格

這種性格的人比較多，其中女性居多，主要表現為不善言談和交往，不願參與社會活動，甚至連家門都不願出。內向的人主要是缺乏交往的能力和展示自己的能力，在人際交往中不知道該說甚麼，也不知道該怎樣和人相處，久而久之就形成了交往關係的障礙，也叫交往膽怯。

內向拘謹的核心原因在於膽怯和自卑，這種人一般不會惹是生非，但也不要低估了他們內在的壓抑情緒和抵觸心理。換句話說就是別太欺負這類老實人，他們可能平常不怎麼敢反抗，但一旦反抗，他們的行動力往往是超常的。這類人都有比較嚴重的逆反心理，說的和做的有時會不一致，會讓與其一起生活的家人快樂指數不高，常有隱隱的壓抑感。

六、暴虐急躁性格

這種性格的人一般都有兩面性，好的時候對人掏心掏肺，惱的時候暴跳如雷、歇斯底里，對待家人更是如此。他們的兩面性非常明顯，情緒的轉換是瞬間的，說不上哪一會，也不知道是哪句話、哪件事就會惹惱他。這類人都有自虐和虐他心理，一旦心情不好，這種心理會馬上生成，要麼虐待自己，歇斯底里是最常見的自虐方式；要麼虐待他人，包括大聲訓斥、謾罵攻擊對方或對對方暴力相向。

暴虐急躁性格的人會使家庭時刻處於冰火兩重天中，好的時候，一家人被他捧上了天，惱的時候又會瞬間被他打入十八層地

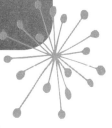

獄。其實家人很反感這種「過山車」式的生活,對他們而言平平淡淡才是福。

七、攀比嫉妒性格

　　這種性格在人群當中比較普遍,其中女性所佔比例遠高於男性,可分為外顯式和內斂式兩種。外顯式攀比嫉妒性格的人往往通過語言或肢體動作表達出攀比或嫉妒的意思,譬如直接否定某人,有意詆毀、攻擊某人,或者用諷刺挖苦的語言嘲諷某人等,這些都是比較明顯的嫉妒行為。還有一種嫉妒是內斂式的,即表面上沒有甚麼反感情緒,但內心非常反感或討厭對方,甚至會拒絕和對方來往。

　　攀比嫉妒性格最大的危害在於它導致了內部壓力,包括個體身心壓力和家庭關係壓力的形成。身心系統壓力是因為嫉妒性格帶來了內心衝突而形成的,而家庭關係壓力是因為婚姻關係受嫉妒性格的影響變得緊張和不和諧而形成的。

以上只是幾種比較有代表性的性格缺陷，所有的不良性格都會影響到婚姻家庭關係，這是毋庸置疑的。因此，一個人無論擁有哪種不良性格，都必須高度重視自己的性格缺陷，性格雖然是被固化了的人格特質，但是可以改變的，就像人格一樣都可以實現轉變和改善，這是被心理學尤其是人格心理學證實了的。下面我們來重點講講怎樣實現性格的改變以促進婚姻家庭關係的改善，這是很多人都非常期待的，也是非常實用的課題。

改變性格，改善婚姻

中國有句俗話，叫「江山易改，本性難移」，這種說法有一定的道理，是古人對人性的總結和提煉，但未必完全正確。到底甚麼才是本性呢？野獸天生就會吃人，但經過馴化後它們可以成為人的朋友，這是違反它們的本性的。狗本來是四條腿走路的，但經過訓練後完全可以用兩條腿走路，這也是超越狗的本性的。看來馴化是可以改變很多所謂的本性的。

人的性格不能被稱為人的本性，性格的準確含義是人對現實的態度和人的行為方式中比較穩定的、具有核心意義的個性心理特徵，是人格的一部分。我們也可以把性格看成是人對現實世界的態度，是通過行為表現出來的一種態度特徵。換句話說，性格是人的思想、情緒、價值觀、信念、感知、行為與態度的總稱，它反映了一個人如何審視世界、觀察事物、認識自己、看待周圍的環境。性格是不斷進化來的，人從降生的那一天開始到人生結束，其性格一直在成長和變化，只是在一個階段內，性格具有一定的穩定性。所以，我們可

以肯定地說，性格是在後天的社會環境中逐漸形成的，絕不是一成不變的。

我們感覺不到自己性格的變化，是因為我們一直處在性格發展過程的某一個階段，而每個階段人的性格都有其相對的穩定性。這就像我們爬山一樣，在攀爬的過程中，我們很難體會到高度的變化，但當我們爬到山頂再往下看，哇，原來我們站得那麼高，從山底到山頂的變化會有那麼大。性格也是如此，一般老年人會有深刻的體會，年輕時自己是個很衝動的人，可老了之後反倒變得溫順了，脾氣愈來愈小；也有一些人年輕時脾氣特別好，老了之後反倒變得動輒就暴怒上火，有時甚至不近人情。為甚麼性格會有這麼大的變化？這裏面有客觀的原因，也有主觀的原因，有環境的原因，也有經歷和閱歷的原因，接下來我們就來詳細談談性格改變都需要哪些條件，或者說哪些方法可以讓一個人的性格有所改變。

一、時間

就像上面談到的，時間可以改變一切，當然，性格也不例外，時間完全可以讓一個人的性格有所改變。性格裏面有幾個重要的特徵與人的成長過程密切相關，譬如信念，剛出生的小孩沒有甚麼信念，到了青春期便開始萌生信念，但這時的信念很單純甚至很幼稚，所以表現在性格層面上就是單純和幼稚；但到了中年時期，信念基本上開始固化，有時也會出現一些動搖，老了之後，人的信念又會有新的變化，會趨向單一。所以，單從時間節點上來看，人的性格是會隨着時間而改變的。當然，人和人之間還有個體的差異，就像上面提到的原

來暴躁的性格會隨年齡的增長而變得相對隨和，這是因為隨着時間的推移，人的身份角色轉換了，原來他是非常強勢的一家之主，沒人敢惹，可老了之後，孩子們成了家庭的主人，他成了弱勢的一方，於是他逐漸失去了施暴、發脾氣的底氣，由此看來身份角色的轉化也會助推性格的變化，這同樣是借助時間的變化實現的。

二、生活閱歷

生活閱歷可以改變一個人的性格，這是不言而喻的。大家都會有這樣一種體會，一件大事、一次大的經驗教訓或一次大的失誤都會給我們的人生造成重大影響，使我們對人生、社會、友情、各種人際關係有新的感悟。大家有所不知，性格裏面很重要的一個內容就是感悟，人對世界的感悟、對生活的感悟、對人性的感悟都會影響一個人的性格。所以，當人遭遇重大事件的時候，其性格是一定會發生變化的，這就是生活閱歷對性格的影響。一個事事順利、從來沒遇到過生活挫折的人，一般會是得意忘形、自以為是的，不會在意甚麼風險或危險的存在，大大咧咧、不拘小節。但如果是經歷過大風大雨或遭受過人生磨難的人，他們多半會表現出謹小慎微的做事風格與行為特徵，這是豐富的生活閱歷帶給他們的經驗教訓及啟示。做事風格和行為特徵就是性格的一部分。所以，生活閱歷可以促進性格的改變是毫無疑問的。

三、超常的情感體驗

其實這也可以看作一次重大事件、重大的經驗教訓或重大的人生失誤等生活閱歷對人的影響，只不過超常的情感體驗比一般的生活

事件、經驗閱歷等對人的影響要更嚴重一些。超常情感體驗指的是超過人的認識極限或承受能力範圍的情感體驗，一般指極限狀態下的情感傷害，譬如年幼時遭受嚴重創傷（父母遭受嚴重創傷或自己遭受來自父母的嚴重傷害），或看到了慘不忍睹、極其血腥的殺戮場景等，這些都屬超常情感體驗的事件，比一般重大事件對人的影響和傷害要大得多。

著名的成功學大師卡耐基就是從壞性格轉變為好性格的一個典型例子。卡耐基小的時候特別像他脾氣暴躁的父親，經常逃課，外出不歸，性格桀驁不馴。卡耐基的母親因為受不了他父親的壞脾氣，一氣之下離開了這個家。後來卡耐基的父親再婚了，而就是這個繼母讓

卡耐基的性格發生了變化。繼母是個非常善良、有修養的人，對卡耐基態度和藹、視如己出，特別善於發現卡耐基的長處，總是對其優點給予表揚。一次，卡耐基想去學校參加演講，把想法說出來之後被父親數落了一番。父親說他有口吃，還想參加演講比賽，簡直是異想天開，繼母聽後對此感到非常震驚，當場就質疑他的父親：怎麼能用這種話來傷害孩子？之後，卡耐基的繼母鼓勵他，而且表示她一定去參加他的演講，一定去當他的觀眾。結果在繼母的鼓勵下，卡耐基勇敢地站到了講台上，用他很不流利的表達完成了自己的一個心願，而後來，我們都知道卡耐基成了世界級的演講大師。卡耐基說他的成功和性格中的優點就是被他的繼母激發出來的，他非常尊重和感激自己的繼母。卡耐基的例子充分說明，正向超常的情感體驗會讓一個性格有缺陷的人變成一個擁有良好性格的人。

四、心理干預（心理諮詢）

心理干預（心理諮詢）完全可以幫助一個人改變性格。心理干預主要借助心理學的認知療法和行為療法兩種心理諮詢手段。首先要查明當事人有哪種性格缺陷，這個過程是心理干預的第一步，必須由經驗豐富的心理學家來完成。在瞭解清楚了當事人的核心問題之後，心理專家會幫助當事人建立一整套改變性格的程序，從認識自己的性格入手，進而深刻地覺察自己性格中的各種特點，包括優點和缺點。當然這個過程不是一蹴而就的，需要做很多關係比對工作，包括當事人與職場關係人之間的關係比對、婚姻家庭中各成員之間的關係比對等，最終才能幫助當事人在各種複雜的人際關係中找到自己的性格特點，這也是一個充分認識他人、認識自己的過程。

接下來心理學家會幫助當事人建立健康的性格模板，把當事人應該學習模仿的榜樣樹立起來，通過讓其連續不斷地學習、鍛煉和模仿，逐步建立起一套適合當事人自己的意識習慣和行為模式，這一過程是矯正過程。最後一個過程是鞏固過程，在親友、家人及心理學家的共同監督指導下，當事人一遍遍鞏固剛剛建立起來的新思維、新意識、新習慣。以上就是一個完整的週期。當然，心理干預的方法並不是萬能的，對有些人效果會比較明顯，但有些人會對此比較抵觸，這種情況下心理干預的效果就會大打折扣。

 **Lesson 22**

用「現象學還原法」
自我診斷婚姻

　　當婚姻遇到問題時，每個人都想知道問題的性質到底是甚麼，應該怎樣去解決。下面我教給大家一個方法，就是「現象學還原法」。

何為「現象學還原法」

　　所謂「現象學還原法」就是指用現象學的原理，從點滴現象入手，把婚姻問題一點一滴地還原成本來面貌。很多婚姻問題都被假像掩蓋住了，婚姻問題的被動方，也就是承受者往往不清楚問題產生的真實原因，只能看着婚姻一步步從幸福走到不幸，他們對此的體會是很深的。他們總在費盡心思地想要搞清楚原因，最後又都無奈地把原因歸結到自己身上，認為是自己不夠好、不夠體諒對方或者是怪自己沒有調整好心態。其實，這都是假像，對方才是婚姻問題和災難的製造者，是他把所有的真相都掩蓋了，還拿出一些根本不着調的理由來為自己開脫。

　　所以，「現象學還原法」就是讓婚姻當事人把點點滴滴的現象擺出來，一個問題點可能只是一種偶然，兩個問題點就是一個集合數據，這兩個問題點之間往往有內在的聯繫，擺出來的時候婚姻當事人就會發現第三個問題點、第四個問題點……只要能拿出三個有利的證據，就可以形成證據鏈，就能充分說明問題絕非是一次半次的偶然現

象。學法律的朋友都知道證據鏈的作用，只要證據形成「鏈」，抵賴和狡辯都是沒用的。

現象學是很精準的一門科學，它從簡單的現象入手，擺出來的都是客觀存在的事實，沒有甚麼理由可以拿來搪塞！診察婚姻問題引入現象學原理也是因為它的這個作用，可以杜絕「嫌疑人」胡說八道，幫助婚姻問題的承受者找到真相，避免被騙。

「現象學還原法」診斷婚姻問題的具體方法

「現象學還原法」診斷婚姻問題有以下兩種方法。

一、圖譜分析法

「冰凍三尺非一日之寒」，婚姻問題絕不是一朝一夕形成的。婚姻出了問題，被動的一方靠回憶去認識問題、思考問題，進而解決問題，這是根本不可能的。就拿出軌來說吧，對方出軌時一定會留下一些蛛絲馬跡，但自己根本沒往那方面去想，即使有那種懷疑，也被對方輕易就否定掉了。這樣一來，對方的出軌在暗處，自己的家庭生活在明處。一個明的，一個暗的，一個甚麼都知曉，一個完全糊塗，兩者的交流根本不在一個層面上，也就不可能有對等可信的交流。

為了解決這個問題，我建議大家養成一種習慣：記日記。這就是圖譜分析法的第一步。

1. 記日記是個非常好的習慣

運用圖譜分析法首先要求必須有圖譜，那圖譜是甚麼呢？就是證據，有圖、有文、有聲、有景的證據。要做到圖文並茂並不是那麼

容易的，雖不需要那麼詳細，但至少得有個參考、有個依據。日記就是最好的圖譜，建議大家養成記日記的習慣，這不僅可以幫助我們整理自己的記憶，還可以為以後尋找線索提供幫助。

別看日記中記的都是些婆婆媽媽的生活瑣事，但必要的時候它會成為非常詳細的事件回憶和線索根據，有些事情早就有端倪，記錄下來的也許只是個現象，但在出現問題後，重新梳理記錄的每一段話、每一次爭吵，我們就能準確地找到問題最初出現的時間段。所以，日記就是圖譜分析法的第一手資料。

2. 把瑣碎記憶串起來就是詳細的證據

把過去發生的那些引起自己懷疑的事情逐一摘出來，整理起來，我們就會發現，這是一個完整的證據鏈，且極有可能都指向一個人或同一件事。這不是翻舊賬，而是為了解決婚姻問題所做的很無奈的記錄。如果沒有這些記錄，那過錯方自然想怎麼狡辯就怎麼狡辯，被動承受的一方永遠無法找到婚姻問題的核心。

線索達到一定的數量後，就會形成清晰的圖像，這樣婚姻問題就躍然紙上了。記錄這些並不是想破壞婚姻，恰恰相反，是為了解決婚姻中出現的問題，是為了挽救婚姻。

3. 用圖譜的形式展示每個較大的衝突

圖譜分析法還應重點針對較大的矛盾衝突，把人物、位置、矛盾衝突的具體內容等都在圖譜上加以標注，然後進行綜合分析和判斷。婚姻心理學的現象學分析法不主張單一提取矛盾衝突的一個方面或一個矛盾點，那是不全面的。如果沒有那些原始記錄，婚姻當事人只能靠自己的主觀想像判斷矛盾的各個點，對矛盾衝突缺乏客觀依據。如果能根據日記把每次重大的矛盾衝突還原成圖譜，這裏面有人物、有位置、有各種不同的聲音，就可以幫助婚姻當事人準確判斷矛盾的性質。

當然，由於還原過程未必能做到真實科學，還原出來的圖譜有可能帶有片面性，所以，還不能成為一種科學的結論依據，只能作為參考。另外，圖譜分析法的目的是澄清事實，而不是爭辯是非。

二、傾訴梳理法

「不識廬山真面目，只緣身在此山中」，當事人無論多麼聰明、多麼有智慧，只要自己深陷困局當中，就很難擺脫困境。積極主動去找人傾訴就是個好辦法。在傾訴的過程當中可以實現兩個目的，一是排解壓力，因為傾訴的過程就是排解的過程，即使傾聽者甚麼都不說，傾訴者也會在傾訴完後深感暢快，對有些問題也就不那麼糾結了。有很多心理壓抑者找心理諮詢師傾訴，在傾訴幾個小時後，心理

諮詢師還沒說話，傾訴者便好了，問題也解決了，這就是傾訴的好處，傾訴本身就是卸載壓力的好辦法。二是傾聽「旁觀者」的意見，傾訴者不一定非要找心理學家或心理諮詢師傾訴，可以找身邊有智慧的前輩，他們給出的意見往往都比較務實，比很多所謂的專家、諮詢師要強百倍，對救助婚姻、挽救婚姻非常有好處。

另外，無論是誰，自我診斷都會有偏差，「現象學還原法」實際上就是讓大家多長個心眼，我們常說「好記性不如爛筆頭」，記性再好的人，在受到打擊或深陷困局的時候，也會心煩意亂，很難客觀地梳理曾經發生過的事情。將過日子中發生的事情記下來，將來一定會有很大的用處。再強調一遍，這個用處不是「變天賬」的用處，是幫助自己，也讓欺騙無處藏身，對挽救婚姻大有裨益。

夫妻間的相互理解
是解決婚姻問題的前提

Lesson 23

 互相理解，共同呵護婚姻

夫妻之間相互不理解是非常普遍的問題，90% 以上的家庭都存在這一問題。剛結婚的時候，新鮮感還沒過去，夫妻之間還能進行良好的溝通，可隨着時間的推移，彼此看對方就不那麼美好了，缺點、不足都會慢慢進入視線。

有位大學教授，他和妻子青梅竹馬，教授打小就很喜歡長得非常出眾漂亮的妻子，小時候兩人住在同一條街，教授上學的時候總是故意等着人家。再後來教授考上了大學，妻子也上了高中，教授半年才回一次家，有一次放寒假回來，他看見自己喜歡的小女孩已經長成大姑娘，越發楚楚動人了，他鼓起勇氣向對方吐露了自己的心聲。因為兩人從小一起長大，兩家人也熟悉，知根知底的，對方就答應了他，兩人開始正式談戀愛。教授大學畢業以後回到了本市的一所高校任職，妻子畢業後在一家醫院當護士。結婚後，兩人接連生下了兒子和女兒，一家人幸福無比。

但等孩子們稍大點之後，兩人的矛盾也漸漸多起來，主要就是養孩子、做家務以及生活細節上的一些問題。教授這人比較細膩，做

事很仔細，陪孩子玩遊戲、檢查作業都一板一眼的。妻子正相反，幹活快但不仔細。生活上教授比較講究，剩飯剩菜絕對不吃，而妻子不捨得倒掉，只要沒有變質，妻子都留着下頓熱着吃。這兩種截然不同的生活習慣必然會起衝突。教授認為人的健康比甚麼都重要，但妻子卻把這個做法看成浪費，兩個人的觀點確實不同。

後來兩人的矛盾愈來愈大，孩子們考上大學離開了家，就老兩口在家，還成天鬥氣。教授嫌妻子沒情調，不懂生活，妻子又嫌教授整天遊手好閒，不幹正事，兩個人幾乎到了水火不容的地步，都吵着要離婚。

這時他們找到我，想讓我診斷一下他們之間的問題到底出在誰身上，這個婚姻是不是已經走到頭了。

兩位老人出現在我面前的時候，我能看出來教授是個很有情調的人，很講究穿戴，很有品位。而他的妻子，這些年來已經被生活磨成了一個「黃臉婆」，氣質形象都遠不如從前。他們說明來意之後，我先問教授，當年喜歡妻子甚麼？他直言不諱，說人長得漂亮，他還依稀記得年幼時自己住在二樓上，每天都趴在窗子上往下望，盼着能多看她一眼。

我問教授，那個時候瞭解對方的性格嗎？教授說一點也不瞭解，只知道長得漂亮。我又問他的妻子，那時是不是就是大大咧咧、不拘小節的，是不是和現在一樣是個挺會過日子的人？她說是的，她從

來不捨得扔東西，也不捨得買新衣服，一輩子都是這麼過來的，可現在倒成「罪狀」了，丈夫非要和自己離婚，說自己沒情調。

　　我勸兩位老人別着急，又問教授，假如讓他回到年輕的時候，還是面對這個漂亮的姑娘，可是有人告訴他，這個姑娘挺會過日子的，不捨得扔東西，幹活挺敏捷，但有點粗枝大葉，生活上不太講究情調，他還願意娶她嗎？老先生想了想，笑着說應該會，因為年輕的時候不太在意這些東西，只對漂亮感興趣。他說完這話妻子也笑了。我說其實我也是這麼認為的，當時即使是知道她不拘小節，生活不太講情調，也會義無反顧地娶她。為甚麼？因為愛！愛她，就會不顧一切，別說她不太講究情調，就是有更多的毛病也不一定在乎。

　　我讓教授好好看看他的妻子，也認真想一想，那個當年那麼漂亮的姑娘，為他撐起了這個家，年復一年、日復一日地操持着家務，辛辛苦苦把兩個孩子都拉扯大，可現在就因為人家會過日子，不捨得扔東西，又不願出去活動就要跟她離婚，這說得通嗎？聽完我這番話，教授也覺得理虧，連連點頭。他的妻子更是覺得有人替她主持正義了，委屈得直落淚。但我反過來也得批評她了，過去會過日子是美德，一天到晚為這個家操持是她的一大功勞，但現在還真不能繼續這樣了，從健康的角度來看，老吃剩飯，身體哪受得了？一天到晚存些舊東西不捨得扔，有用嗎？總憋着不出去活動，能快樂嗎？人得與時俱進，一輩子不變樣、不成長，這不是有知識、有文化的人所為啊。從這個意義上來說，教授的做法是對的，他的妻子應該改變自己，這才是對自己負責任、對家庭負責任的做法。

　　兩位老人非常贊同我的結論，教授當場表示他本來也不是真的想離婚，其實他也離不開妻子，只是覺得她應該改變一下生活習慣，這樣對她的身心健康有好處。而妻子本來覺得自己很委屈，但現在也覺得應該改變自己，這樣對自己的老年生活也有好處。其實，我做的工作就是讓兩個人相互理解，真正做到知己知彼，這樣才能共同維護健康幸福的婚姻關係。

換位思考，妥善解決婚姻矛盾

　　換位思考，說起來簡單，但做起來很難，因為人看待問題、思考問題都離不開自我的感受。婚姻中也是如此，為甚麼會有「公說公有理，婆說婆有理」的說法呢？就是因為每個人立場不同，因此對待

同一件事情的看法或者產生的感覺也是不同的。換位思考，就是要讓人站在對方的立場上想問題，這確實不是一件很容易的事情。舉個最簡單的例子，妻子生孩子、帶孩子，男人根本體會不了女人的這份辛苦，他們將這些事情看得很輕鬆，甚至還會說哪個女人不生孩子，這再正常不過了，根本沒有甚麼值得大驚小怪的。

雖然換位思考很難做到，但我們還是要儘量去做，因為這是必需的，否則婚姻就會遇到很大的麻煩。換位思考就是指用別人的視角看問題，這是一種能力。

大家聽說過盲人摸象這個寓言故事嗎？有三個盲人摸象，第一個摸到了大象的腿，他說是個圓柱體，第二個摸到了大象的肚皮，他說像是一面牆，第三個摸到了大象的尾巴，他說像是條繩子。三個人爭執不休，誰也不服誰。這個故事說明了一個道理，其實每個人受到各自感知事物能力的限制，看到的可能只是事物的一個方面，並不全面，但對於每個人來說，他們都會認為自己感知到的就是全面的，不會輕易否定自己。所以，在家庭生活中就會出現「公說公有理，婆說婆有理」的時候，其實，可能兩人說得都對，但也都有片面性，不站在對方立場上思考，就輕而易舉地把對方給否定了，這是不對的。所以，解決婚姻矛盾，第一步就要學會站在對方的立場上去看問題。其實有很多婚姻家庭矛盾，只要將角度一轉換，問題就迎刃而解了。

挽救婚姻
不能忽視的幾個原則

Lesson 24

對於出了問題的婚姻，被動承受的一方一定要堅守幾個原則，別對方說甚麼自己就相信甚麼，至少要做到以下幾點。

一、要有自己的底線

有些錯誤是可以犯的，但有些錯誤一次都不能犯，這就是底線。

我們把婚姻中常見的問題分為以下幾種類型。

第一種是由不良性格引發的，也叫非主觀性的不健康行為，比如因性格內向造成婚姻家庭氣氛壓抑、夫妻交流不暢、親子關係緊張等。這其實也不是小事情，但這些不是性格缺陷者的主觀行為，不屬原則性的問題，雖很難改變，但對婚姻的傷害和影響相對較小，婚姻關係還是可以維持的。

第二種是主觀性的不健康行為，譬如好衝動、愛逞能、說大話、做事魯莽、不講原則等。這類行為有一定的主觀性，雖然改變起來有一定的難度，也會給家庭帶來比較大的負面影響，但我們依然可以通過疏導、規勸和強制性的手段來督促他們改變，未必非要通過離婚來解決。

第三種是主觀故意性的惡劣行為，譬如經常性的出軌、對妻子和孩子經常實施家庭暴力，甚至是賭博、嫖娼、販毒等犯罪行為。這類行為不僅帶有強烈的主觀性，而且是在傷害他人、危害家庭、損害別人利益的前提下實施的，有些甚至已經觸犯了法律，這些行為是絕對不能容忍的。當發現配偶有這些行為的時候，被動方都會規勸對方改邪歸正，這是可以理解的，但這些行為很難改變，甚至有的已經觸犯了法律，被動方應該很堅決地提出離婚，不能姑息遷就，否則不僅害了自己，也會害了孩子和整個家庭。

二、對嚴重的家庭暴力零容忍

所謂嚴重是指給對方帶來的身體和心理傷害很大，女人一旦遇到這類暴力行為，應該堅決離婚，這是個原則。因為家暴是會讓人上癮的，施害者是在「摸着石頭過河」，只要被動方反抗不到位，施暴者就會一次一次實施暴力行為。很多女人在被家暴後，會出於保護婚姻、保護孩子的考慮，而選擇原諒施暴者，殊不知，自己和家庭的不幸從此就開始了。所以，女人對嚴重家暴要零容忍，一次都不行，直接離婚！

女人對男人家暴的事也偶有發生，但數量及傷害程度與男人對女人的傷害程度相比應該說差距是巨大的。當然，如果遇到嚴重的女人傷害男人的暴力事件，男人也應該拿起法律的武器，堅決予以回應，絕不能姑息遷就，嚴重的家暴都會讓人上癮，無論男女，都會給對方和家人帶來嚴重的身心傷害。

三、積極化解冷暴力

婚姻中非常普遍的問題是冷暴力，幾乎 80% 的家庭都遇到過這類問題。有了意見分歧或矛盾的時候，雙方不是積極地去溝通解決，而是採取持久的冷戰，幾天、幾周甚至更長的時間不和對方說話，直到氣消了之後這段冷戰才算結束。

男人的冷暴力比女人的要多得多，這是因為女人對婚姻問題的態度往往更積極一些，有了問題女人首先想到的是解決，而男人的第一反應是情緒發洩和精神攻擊。他們總想在情緒和精神層面上打壓對方，這是男人的本能和慣用的手段，他們喜歡用這種方式「教訓」女人，以證明自己的權威。當然也有用冷暴力來處理家庭矛盾的女人，但這和她們想儘快解決家庭矛盾的心理是背道而馳的。所以，有冷暴力傾向的女人很少，這樣的女人多半是性格障礙者，譬如極端內向的人、抑鬱症患者或有其他精神方面問題的人。

生活中一旦有了矛盾，雙方一定要積極化解，絕不能使用冷暴力，這也是個原則。如果一方喜歡使用冷暴力，另一方要動員其進行心理諮詢，一是為了鑒定他使用冷暴力的原因，二是試圖用心理干預的方式解決冷暴力，三是為了在專家的幫助下判斷他心理缺陷的程度，以便選擇合適的方法來解決婚姻問題。

四、敢於揭穿一而再再而三的欺騙

對夫妻而言，最大的忌諱是謊言和欺騙，這也是婚姻最大的不幸，如果在一個婚姻關係中雙方連最基本的信任都沒有，婚姻中充斥的全是謊言和欺騙，那又如何談幸福快樂呢？在婚姻關係中男人的謊言要遠遠多於女人的。鑒於此，婚姻心理學家建議，對一而再再而三的謊言要堅決說不！

五、不能讓愛情轉化為親情

很多人都認為進入婚姻以後愛情就會變成親情，我可以負責任地告訴大家，這個說法是錯誤的。正因為大家都被這一說法誤導了，所以，絕大多數人在進入婚姻後，日子愈過愈乏味，雙方關係愈來愈遠，可他們卻還覺得這是很正常的。

不知道大家有沒有養寵物的經歷？我們和寵物的感情會隨着時間變得愈來愈深。那現在我反過來問大家，為甚麼夫妻兩個人在一起時間愈久，感情會愈淡呢？

其實，原因很簡單，人和寵物之間的關係叫情感單一交往關係。人對寵物可以隨便發脾氣，寵物只能逆來順受，無論主人怎麼對牠，牠都不會生氣，還會反過來巴結主人，哄主人高興，所以人和寵物之間永遠都是一方遷就另一方，一方將自己的壞脾氣扔給另一方而另一方無條件接着，從不反駁。而夫妻之間呢？一方想發火，另一方肯定不依不饒，誰也不讓誰，別說是宣洩情緒了，就是正常的意見都不可能順暢地交流。夫妻之間的交流屬情感雙向交流，而且都有自己的主觀意識和喜怒哀樂，都想讓對方承接自己的負面情緒，這與人和寵物的相處、交流是完全不同的。所以，夫妻之間不同的觀點、意見、習慣等都會形成陳舊性矛盾，也就是說兩人心照不宣，誰也說不過誰，遇到問題就都迴避了，但這並不是說他們之間沒有矛盾或矛盾解決了，而是將矛盾迴避了。長此下去，這種不願面對問題和經常迴避問題的習慣就影響了兩個人的愛情，也就使得愛情變成了親情。

大家不要只是羨慕其他人的幸福婚姻，關鍵是要學會他們的婚姻修煉術，他們的婚姻裏面沒有偽裝，有的只是真誠、付出和奉獻。所以，當夫妻雙方沒有了愛情而必須用所謂的親情去粉飾的時候，就說明婚姻已經「生病」了。大家一定要診斷清楚自己的婚姻得了甚麼「病」，並與配偶努力把這個「病」治好。大家可以多向我們身邊那些擁有幸福婚姻的人學習，與自己的配偶相愛一生，讓自己的婚姻甜蜜幸福。

Lesson 25

甚麼樣的
婚姻應該放棄

對於那些婚姻觸礁的人來說，知道甚麼時候該放棄婚姻，這是一件非常重要的事情。而要放棄婚姻，就得看清楚自己婚姻所面臨問題的性質。這是很不容易的，需要有很深的閱歷，也需要有扎實的專業理論知識，沒有這些積累的人很難客觀地評價一個婚姻的性質。下面我們就簡單介紹一下哪些婚姻是應該放棄的。在婚姻心理學中我們將這些應該放棄的婚姻稱為「癌症」婚姻。

所謂「癌症」婚姻有兩個方面的含義，一個是指婚姻，即婚姻沒有希望了；一個是指人，即人是有缺陷，是「無藥可救」。「癌症」婚姻主要有以下四種類型。

一、不是因愛而結合的婚姻

現實生活中確實有很多並不是因為愛而走到一起的婚姻，比如雙方當時都沒有合適的人選，無奈之下才接受了對方。這種情況並不少見，這樣結合的婚姻也未必都不幸福，有些夫妻雖然剛開始沒有太深的感情基礎，但是經過長時間的相處，彼此建立起了深厚的感情，也能情投意合、相愛一生。不過，有相當一部分的婚姻會愈過愈困難，畢竟兩人當初就不相愛，很容易出現條件愈來愈好的一方因嫌棄對方而出軌的情況。

所以，大家還是要儘量避免沒有愛、沒有感情基礎，只是為了結合而結合的婚姻。如果真的選擇了這樣的婚姻，那麼兩個人就必須共同成長、共同進步，千萬不可依附於一方的進步與成長，那樣是相當危險的。

二、對方持續出軌且不知悔改的婚姻

這種婚姻在現實生活中更為常見。持續出軌的人之所以不想離婚，一定有種種自私的考慮。這種人有兩大類，一類是人格不健康，心理扭曲，把玩弄婚外異性當成娛樂遊戲的人，大家應該遠離這樣的人。第二類是對婚外性行為有依賴，即有性癮癖的人。這樣的人還可以挽救，但成本較高，需要依賴非常專業且權威的專家。性癮癖的治療在國際上都是個難題，國內更是缺乏權威專家和技術手段。因此，我們把一方持續出軌且不知悔改的婚姻也稱為「癌症」婚姻，不建議挽留。

三、至少一方有嚴重人格或心理缺陷的婚姻

前面已經詳細講過人格和心理缺陷的表現形式，如果人格或心理缺陷的程度是比較嚴重的，我們也不建議當事人挽留這種婚姻。他們人格或心理缺陷的矯正是比較困難的，大家不要抱有太多的僥倖心理，認為有了孩子或者再年長幾歲就會變好，性格可以通過時間和閱歷的薰陶而得以改變，但嚴重的人格和心理缺陷不是時間和閱歷能夠改變的。恰恰相反，時間愈久、經歷愈多，人格和心理障礙的程度會愈重。這樣的缺陷只能通過諮詢和治療加以解決，有些程度非常嚴重的恐怕治療都難以奏效。所以，面對嚴重的人格或心理缺陷者，大家

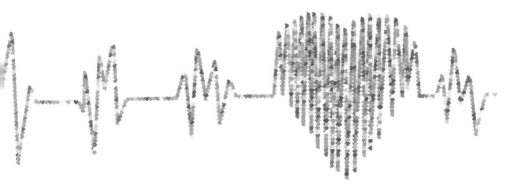

還是冷靜些為好，分開未必不是一件好事。

四、至少有一方情商過分低下的婚姻

　　情商低下已經成為當下影響個人發展、人際交往關係和婚姻家庭關係的一大障礙，很多人各方面條件都不錯，智商很高，但就是因為情商低下，給自己的成長和發展，給朋友、家人或婚姻都帶來了很負面的影響。情商低的人根本意識不到自己的問題，往往會覺得自己很聰明，甚至會認為自己智慧過人，根本不把別人的意見和建議當回事。情商低下的人往往智商並不低，他們會把自己的小聰明當成情商，說到底他們根本就沒搞懂甚麼叫情商。前邊我也講過了，情商主要是指人際交往能力、社會適應能力和情緒表達能力，這三種能力和智商關係不大，有很多人不甚聰明，但這三種能力未必很弱，所以，他們的個人成長和發展會相對比較順利，而且容易得到社會的廣泛認可，婚姻、家庭和親子關係也會比較和諧。

　　情商低下的人往往自以為是，人際關係協調能力普遍較差，所作所為很難得到社會的認可，在婚姻情感和家庭親子關係上更容易出現問題，這是因為他們把內外分得很清楚，對外會儘量迎合偽裝，回到家裏，他們便不需要再那麼費力偽裝了。情商低下和性格缺陷還不一樣，情商低下的人非常愚鈍，很難意識到自己的問題，而性格有缺陷的人未必愚鈍，所以，情商低下相對於性格缺陷而言，更難改變，如果能放得下情商過低的人，對婚姻來說是一種解脫。

　　所謂「癌症」婚姻就是很難改變或者說已經變了質的婚姻，這類婚姻即便婚姻當事人不願意放棄，身邊的人也應該勸其放棄，這就像是自己身上的一條腿，當醫生明確診斷必須要截肢的時候，誰也不願意接受放棄的結果，畢竟失去了就再也不會擁有了，可是如果不接受截肢，最後失去的恐怕就不只是一條腿，還有性命呢。同樣的道理，婚姻到了已經沒有必要繼續挽留的時候，我們必須要接受現實，勇敢地面對。日本著名的心理學家森田正馬教授有個非常著名的「森田療法」，其核心就是接納現實，為所當為，順其自然，千萬不要和現實作對，那是要吃盡苦頭的。

Lesson 26　不要用不健康的方式對待婚姻

　　婚姻其實是很脆弱的，兩個人想往好的方向發展並不容易，需要經過很多年甚至一生的努力，但破壞起來卻非常容易，幾件事就可以把婚姻傷得體無完膚。這個道理大家都懂，就像是我們的身體，要養得棒棒的，需要用一生的時間，不能有一絲的懈怠，可往往一次意外的傷害，比如車禍、碰撞、疾病等，就可以對我們的身體造成重大影響，甚至奪去我們的生命。

　　所以，大家愛護婚姻應該像珍愛自己的身體一樣，盡可能地保護好它，不要一副滿不在乎的樣子。很多人不在意婚姻，更談不上呵護、保護，於是會經常做出一些出格的事情傷害到婚姻。這些不健康的行為主要有以下幾種。

一、動不動就發脾氣

　　這是傷害婚姻最為普遍的一種形式，不要以為自己不就是發點脾氣嗎，又沒有打罵對方，沒甚麼大不了的。夫妻之間的情感就是在這種不經意間一點一點消耗殆盡的。動輒就發脾氣可不是小事情，是婚姻的大忌，別說是婚姻情感關係了，任何一種人際關係，如果經常受到壞脾氣、暴脾氣的侵害，遲早都會出問題。動輒就發脾氣的人總認為自己沒有壞意、惡意，只是對事不對人的，其實這麼想是錯誤

的，既然是對事不對人，那為甚麼對人發這麼大脾氣呢？說到底，還是自身的性格和修養有問題。所以，婚姻中的兩個人都必須調整好自己的性格，控制住自己的壞脾氣，只有這樣幸福的婚姻才有保障。

二、出軌

出軌這個問題我在前面講了很多，而且一直當一個重點來講，為甚麼呢？就是因為它對婚姻的傷害實在太大了。出軌的一方在出軌的時候肯定沒想到自己的行為會給婚姻帶來那麼大的傷害，但這不是可以請求原諒的理由。出軌就是一種不負責任、不怕對別人造成傷害的故意行為，一旦實施了，出軌的一方就要承擔它帶來的後果，也必須接受相應的懲罰。

三、冷戰

如前所述，冷戰也是一種暴力，其危害不比肢體暴力小多少，屬精神暴力的一種。喜歡冷戰的人多半是低情商的人，他根本就不會積極面對問題，更別說解決問題了。冷戰也是性格內向的人表達感情最喜歡用的方法，由於性格內向、不善言談，所以面對問題的時候，這些人就拿冷戰作為擋箭牌，把自己藏在後面，不回答、不接觸、不參與、不說話，說到底是他沒有面對的勇氣和能力。所以，喜歡冷戰的人一定要從根本上找原因，先解決自己的根本問題——低情商和內向，否則冷戰不會停止，婚姻永無寧日。

四、吵鬧不休

夫妻吵架本不是甚麼大事，可如果吵起來沒完沒了，且形成習慣，那就是個問題了。當下的年輕人，很多都是獨生子女，在家裏面

都被寵慣了，進入社會以後適應能力普遍低下，結婚後甚麼事都想自己說了算，都想按自己的意志行事，結果就引發了很多矛盾。甚至還有些年輕的夫妻會用抽籤的方式來決定該聽誰的。這種幼稚的處事方式不可能不出問題，久而久之，就會演變成爭吵。

其實，婚姻生活中非常忌諱強詞奪理、一爭高低，吵架無非是夫妻雙方在爭論誰對誰錯、誰高誰低，但結果往往是誰也不承認自己是錯的，對方是對的，最後就用聲音的高低來證明自己，聲音愈大，就好像自己愈佔理一樣。其實這是種很不自信的表現，自信的人是不會用爭論和吵架來證明自己的，更不會強烈地要求或強迫對方接受自己的觀點，因為人愈自信，就愈容易接受他人，哪怕是和自己觀點不同的人。

夫妻爭吵說到底就是在爭奪話語權，爭奪對婚姻的控制權。年輕人在談戀愛的時候很少用爭吵來解決矛盾，並不是那個時候沒有矛

盾，而是那個時候他們會用接納、不爭、擱置、忘掉等做法處理或迴避矛盾，不會因為意見不一致而大發雷霆或爭吵不休。結婚之後就不一樣了，雙方稍有意見上的不統一，一方就接受不了，非得說服對方，說服不成雙方就開始針鋒相對地吵起來了。

殊不知，爭吵不會產生任何好作用，只會使彼此間的好感愈來愈淡，最終更有可能導致婚姻的解體。可年輕人在爭吵的時候不會考慮這些，只想一爭高低。在這裏我教給大家一個好辦法，年輕人尤其要好好學習。當雙方意見不一致且僵持不下時，一方不妨退一步，索性聽對方一回。結果無非有兩種，一種是按對方說的做是對的，那就得尊重對方的意見，事後也可以對對方進行表揚；第二種結果是按照對方說的做行不通，是錯的，那也沒有必要大驚小怪，更不用大動干戈地批評對方，讓事實教育對方比爭吵要有效得多，對方會心服口服。這樣做幾次，慢慢地對方也會被帶動起來，學會禮讓，在意見不統一的時候主動提出按你的意見辦。所以，夫妻之間未必非得用爭吵來解決問題，恰恰相反，爭吵解決不了問題，只能讓問題更加複雜。禮讓對方這種處理分歧的方法應該在夫妻關係中普遍推廣。

五、動輒就提離婚

這是女人比較容易掛在嘴邊的話，其實她們也未必真的想離婚，只是因為生氣、心煩等才故意拿離婚來說事。但這可不是鬧着玩的，經常提離婚有可能會弄假成真，使雙方真的走向離婚。這是因為一方很難準確判斷常說離婚一方的真實想法，也有可能在氣頭上就答應了對方離婚的提議。這種事情在年輕人當中時有發生，對婚姻的破

壞性非常嚴重。有些人離完婚就後悔了，又想着複婚，把結婚、離婚當成了兒戲。

六、互不尊重

這種情況和吵架不一樣。我們發現，很多婚姻中的夫妻並不吵架，但這並不意味着兩人的婚姻關係和諧。有些夫妻互不尊重，在意識層面上就看不起對方，更有甚者，從來就不正眼看對方，這是非常糟糕的。大家想想，這種夫妻關係能和諧融洽得了嗎？不可能的！這些夫妻沒搞懂一個最簡單的道理！夫妻之間相互詆毀說明了甚麼？只能說明詆毀和看不起對方的人不懂事，只能說明他自己有問題。

我認識一個五十多歲的農民企業家，他只有小學文化程度，但企業做得很成功。他經常出席各種活動，也經常到國外參觀學習，但不論他走到哪裏，都帶着他的妻子，雖然他的妻子其貌不揚，只是一個很普通、很典型的農村老太太。企業家的這種做法令所有認識他的人都對他肅然起敬。他說自己經歷了許許多多的事，嘗盡了人情冷暖，但老伴為他、為他的家庭付出的更多，他要在有生之年讓老伴跟着自己走遍大江南北，見見世間美景，和自己共同感受和體會幸福的生活。這位心地善良、心胸寬廣、為人忠厚的農民企業家以自己愛護妻子、尊重妻子的簡單行為贏得了社會的廣泛讚譽。

　　要說這位農民企業家和妻子的差距應該是不小的，但他從來沒有看不起老伴。恰恰相反，他覺得老伴對婚姻家庭的貢獻不在他之下，他懷着一顆感恩之心對待妻子、婚姻、家庭、孩子，當然還有老人，這才是真正懂得生活的人，也才是真正明白生命意義的人，這種人做事情沒有不成功的。因為，他們從來不會做出傷害他人、傷害婚姻、傷害家庭的事，我們應該向這樣的人學習。

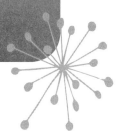

Lesson 27 男人面對婚姻問題要過三關

男人面對婚姻問題要過幾個關口，粗略說起來有三關。

一、「認真誠實」關

　　一個不誠實的人，尤其是不誠實的男人，是很難有前途的，事業和婚姻家庭都會受到影響。這是因為不誠實的人無法贏得他人最終的認可，也無法獲得社會的接納。西方國家把個人誠實信用記錄納入個人信用體系，一個人無論在哪一方面有不誠信的記錄，他日後找工作、辦理銀行貸款等任何社會性行為都會受阻。在加拿大有個女留學生，她為了省錢，坐地鐵經常逃票，有一次被工作人員發現了，她謊稱是第一次，因為有急事才沒有買票。工作人員雖然對她放行了，但在她的個人誠信檔案裏記錄了這一次逃票的事。後來她找工作時，應聘單位的職位特別適合她，她的學歷等條件也非常適合這家公司，可是公司沒有聘用她，而是聘用了學歷和專業遠不如她的人。她很納悶，就跑去質問公司主考官，主考官說是因為她的信用檔案裏有一次逃票記錄，她強調說她只逃過一次票，且當時是特殊情況。可主考官回答說雖然檔案裏只有一次，可說明不了她的逃票行為只有一次，一次和一百次在性質上沒有區別，都屬誠信問題，這種不誠實的人公司是不會接收的。

在婚姻中，男人首先要過誠信關，這是最重要也是最基本的一關，如果連婚姻、家庭、配偶、孩子都不想真誠面對，那這個男人還有甚麼可以讓人信服的？別管社會誠信體系怎麼樣，作為家庭的支柱，男人一定要負起責任，坦坦蕩蕩、踏踏實實、誠誠懇懇做個真實的丈夫、父親和兒子，在外的偽裝和虛偽也許是一種無奈，但在家庭中不需要這些假的東西，更不能把社會上這套「假大空」帶到家裏來，這是男人要過的最重要的一關。

二、「性別優勢」關

男人在社會生活中有種性別優勢感，似乎他們就是這個世界的主宰，可以甚麼都不在乎，可以胡作非為，這種性別優越感幾乎每個男人都會有。要說男人到底優越在哪裏，其實誰也說不清楚，是真的優越嗎？有力氣就代表優越嗎？在日常生活和工作中，體現男人優越性的地方可能有很多，以至於他們在婚姻家庭方面將這種優越性發揮

得淋漓盡致，比如從來不承認自己的錯誤，他們心裏都裝着一句潛台詞，「男人有錯不輕談」，換句話說就是男子漢哪有認錯的。這種腐朽、落後的大男子主義意識在每個男人身上都有所體現，這無形中助長了男人的性別優勢感，使得男人在兩性交往、工作和婚姻家庭生活中專橫跋扈、無所顧忌。

要想妥善地處理好婚姻家庭問題，男人一定要收起性別優勢感，要把自己的姿態放低、位置擺正，要認識到自己是婚姻家庭的一半，是妻子的丈夫，和妻子的權力、義務是平等的。對於孩子來講，父親的角色和母親的角色也同等重要，同樣不可缺失，不能擺出父親就是家裏的天，父親的威望高於一切的姿態。男人只有從心裏真正認可男女平等，婚姻家庭才有真正的幸福可言，否則，婚姻幸福就是一句空話。

三、「自我否定」關

在婚姻情感方面，男人應該承認和女人之間的差距，這個差距主要體現在對婚姻、情感和家庭的態度及用心上。男人在外面打拼確實不容易，這是事實，但女人就不工作了嗎？即便女人不參加社會工作，在家做家務、帶孩子難道就不算工作嗎？這些家庭瑣事比工作還累、還辛苦，難道這不是事實嗎？男人只把掙錢當作衡量對家庭貢獻大小的標準，似乎女人掙錢少就代表對家庭的貢獻小，這可不是一兩個男人的想法，是大多數男人的想法，這是一個非常荒謬的認識。男人要從根本上轉變這種認識，首先就要從否定自己的「巨大」作用開始，要平等地看待夫妻兩人對婚姻家庭的共同付出。

多數男人會拿在外打拼這個理由來為自己對婚姻家庭和孩子的付出少辯解，這完全是個藉口。男人在外時間長，工作很辛苦，不是應該更加珍惜在家的這一點小時光嗎？可為甚麼那麼多男人回到家裏既不跟妻子溝通，也不和孩子交流，不是看電視就是上網，這是一句在家時間短能解釋清楚的嗎？說到底還是用心程度不夠。

　　所以，要想讓婚姻幸福，男人要過「自我否定」關，要承認是自己的主要責任，使得家庭氛圍變得死氣沉沉，讓妻子、孩子怨聲載道。男人得勇敢地承認自己對婚姻、家庭和孩子的用心程度不夠，只有這樣才能得到家人的理解和寬容，才能有改進的動力，否則，婚姻和家庭都沒有幸福可言。

婚姻幸福與否更多取決於男人的態度

　　很多人認為女人是婚姻問題的主要把握者、掌控者，婚姻由女人說了算，其實這些看法都是不對的。婚姻中真正說了算的其實是男人，確切地說女人是婚姻的承受者。當然也有個別的情況，男人做得很好，對婚姻很忠誠，女人卻在做着傷害婚姻的事情，無論男人怎麼做，女人都不會給男人一個穩定的婚姻，這種情況不是沒有，只是數量相對較少。

　　我從事了二十多年的婚姻心理諮詢工作，面對着不計其數的婚姻家庭樣本，經驗告訴我，婚姻幸福與否更多取決於男人的態度。只要男人對婚姻用心一點、對妻子好一點、對家庭多一點責任，這個婚姻就會很幸福，不想要這種婚姻的女人幾乎不存在！但反過來，女人對丈夫好一點，對家庭多負點責任，這個婚姻就一定能幸福嗎？確切的回答是：不一定！幾乎所有的女人都想這麼做，或都在這麼做，但事實是和她們的願望背道而馳的，為甚麼呢？因為男人不想！這才是最最關鍵的因素。所以說男人才是婚姻幸福與否的真正主宰者！

　　男人在婚姻家庭關係中承擔着更多的責任和義務，這是不爭的事實。他們很辛苦，既要打拼事業，又要照顧家庭，非常不容易。但當今社會男女在承擔社會與家庭責任方面的差距已經很小了，甚至女

人不比男人承擔的責任少，都有社會工作，都有工資收入，都有養家的責任，但在養育孩子、照顧家庭方面，女人的付出恐怕要遠遠高於男人，這是連男人都不得不承認的事實。但在維護幸福婚姻、構建和諧家庭方面，似乎女人反映出來的問題要遠遠高於男人，為甚麼會有那麼多的女人對婚姻不滿呢？問題出在女人身上嗎？

要想回答這個問題，應該同時問問男人和女人，面對婚姻出現的問題，兩人打算怎麼辦？憑我的經驗判斷，大多數女人會說最好兩個人一起面對，而男人一般會這樣回答：婚姻挺好的呀，我沒覺得有甚麼問題等等。這兩種回答已經從另一個側面大致點出婚姻問題的主要責任在誰身上了。說得直接一點，誰迴避問題，問題就出在誰身上。

其實，有很多婚姻家庭的矛盾並不嚴重，只是因為男人對婚姻家庭不在意、不用心、不作為才引發不愉快，只要男人能意識到這一點，並認識到妻子和自己一樣也在為家庭付出，甚至比自己付出更多，及時調整自己對婚姻家庭的態度，妥善解決這些問題，婚姻就能幸福、和諧，女人也會更加心甘情願地為家庭付出。

然而，很多男人是不會站在妻子的立場反思自己的。他們總覺得自己在外面很辛苦，回到家裏就應該休息，並且對此心安理得、理直氣壯，完全不在乎妻子的感受，甚至認為女人即使在外工作也不會像自己那麼累，女人天生就應該多照顧家庭。

男人這樣想說明他很自私，他喜歡在婚姻家庭生活裏面擺架子，喜歡享受被妻兒老小照顧的感覺，甚至認為對婚姻家庭付出情感會有損自己男子漢的尊嚴。那些用心去經營婚姻的男人是高情商的男人，他們帶給女人的是愉悅、享受，因此也會讓家人感受到巨大的溫暖和希望。男人要勇敢地面對自己在婚姻家庭中的責任、義務及作用，不要迴避這些問題。其實，絕大多數男人是知道這些的，只是不願意承認和面對罷了。

所以，婚姻幸福真的不是一件難事，只要男人拿出婚前放在妻子身上一半的用心，幸福的婚姻就會有保障。希望所有的丈夫們都能認識到自己的責任，並主動承擔起這份責任，這不僅是在成全女人，也是在成全自己，成全自己的婚姻和家庭。

男人要對婚姻、家庭付出更多的感情

在婚姻情感關係上，男人的關注點向外，女人的關注點向內。男人喜歡幻想和不同的或更多的異性發生點故事，女人則希望被自己的丈夫寵愛着、心疼着，因為只有丈夫帶給自己的是安全和依靠，其他男人再優秀、再帥氣都與自己無關。這就是男女在對待婚姻情感問題上的認知差異。

男人總是拿工作忙、沒時間來搪塞妻子和家庭，似乎結婚之後所有的時間都給了工作和事業。當然，男人為了事業拼命工作也是事實，應該給予認可，但把這些當成不回家或沒時間照顧家人的理由就沒道理了。

男人很清楚妻子需要自己的感情，但他們並不想滿足妻子，因為那樣會讓他們覺得受到了限制、失去了自由。工作忙只是他們的藉口，多數男人下了班之後便開始「瞎忙」，忙甚麼呢？忙着喝酒、聚會、打牌、應酬，上班的時候才算是真正的休息，這就是當下很多男人的真實寫照。

男人把大把的時間浪費在了外面，只把工資帶回家，這算是盡到責任了嗎？從物質上講，這樣算是在盡責任了，但他們對婚姻家庭的責任只體現在物質上嗎？不少男人還真是這樣認為的，結果也就使得家人產生那麼多的怨恨。一個不對家庭付出感情的男人，他給再多的錢對家庭和家人而言也都是災難。

反過來說，男人也需要感情，好不容易建立起來的婚姻就是他們最寶貴的情感依託，只有家人才是真心愛自己的人，他們真正的感情應該放在家庭、妻子和孩子的身上。家人之間的感情是任何外人都比不了的。

幸福婚姻
修煉術

　　我曾經做過一個節目，節目講述了一對夫妻的故事。丈夫患有小兒麻痺後遺症，雙腿殘疾，必須靠雙拐行走，喜歡拉小提琴，很有才華。妻子是他的中學同學，挺欣賞他的才氣。兩個人上學的時候對彼此沒有這方面的想法，根本沒想過後來會走到一起。

　　小夥子經常在一個地下通道拉小提琴，還上了電視，成了當地的名人。妻子經常從這個地下通道走着去上班，路過時經常駐足欣賞，慢慢地兩個人戀愛了，妻子還跟着他學了很長時間的小提琴。

　　婚後兩人生了一對雙胞胎，生活過得很甜美、很幸福。妻子在一家商場給人賣傢俱，丈夫就在地下通道拉小提琴，他拉琴掙的錢是他們家主要的經濟來源。後來丈夫的腿有問題了，膝關節要做手術，這下他們的生活受到了影響，丈夫不能再去拉琴了，妻子得去醫院陪護，工作也不能做了。手術前的幾天，妻子為了多掙點錢也去地下通道拉琴，她早上在家簡單吃點東西，帶上饅頭和一包鹹菜，再帶上一保溫桶熱水，這就是她的中午飯，然後在地下通道一拉就是一天，天黑後再去醫院陪護丈夫。

　　丈夫知道妻子吃不上熱飯、喝不上熱水，很是心疼。一天丈夫一大早就從醫院溜出去，偷偷摸摸地回家給妻子做了一頓早飯，又做

好了中午飯，讓妻子帶着中午在地下通道吃。做完之後，他偷偷溜回了醫院。妻子起床後聞到飯菜的味道就明白了，一定是丈夫回來了，因為她對丈夫做的飯菜的味道太熟悉了。原來以前他們倆的分工就是丈夫做飯，妻子買菜、洗衣服、做其他家務。

妻子吃着丈夫做的美味可口的早飯，眼淚止不住地往下流。妻子心裏充滿了幸福感、滿足感、愉悅感。但同時她也很生氣，因為醫生再三囑咐丈夫術前不易多走動，結果他跑這麼遠回來給自己做飯，萬一病情嚴重了，可怎麼辦呢？

妻子帶着丈夫給她做好的中午飯，在地下通道一邊拉琴一邊哭泣，有人就上前問她，怎麼換成她拉琴了，她就說丈夫這兩天有點事。她害怕實話實說反倒讓人反感，也不想說丈夫生病的事情，因為那樣她會更難受。

他們的愛情實在令人羨慕！後來又有個小插曲，妻子得了乳腺癌，在臨做手術的時候，她請求丈夫答應她一件事，假如她沒挺過來，她想來生還和丈夫做夫妻。丈夫當時把妻子緊緊地摟在懷裏，說他們來生來世、幾生幾世都會在一起，他們是永遠做不完的夫妻！

這是個非常普通的家庭，一個殘疾人娶了一個身體健康的妻子，要說起來他們這種情況和身體相對比較健康的夫妻比起來更難相處、更難處理好關係，結果他們兩人的婚姻那麼幸福美滿，這是為甚麼呢？從他們的故事中我們能感受到他們的婚姻有這樣幾個特點，這也是夫妻修煉好婚姻的重要訣竅。

一、相互崇拜，相互感恩，知恩圖報

這個丈夫說他非常感激自己的妻子。因為像他這樣的身體情況，很少有健康的女人願意嫁給他。當妻子決定嫁給他的時候，他就默默地下決心，這一輩子一定要好好對待自己的妻子，他要用一生的心血經營好自己的婚姻，回報妻子。這是丈夫親口說的，妻子的回答也是同樣的。妻子說當時決定和他談戀愛的時候考慮了很長時間，而且父母也是反對的，但當她認定了丈夫這個人，決定要嫁給他的時候，誰反對也沒用。直到現在，她仍認為這是這輩子做得最明智的選擇，也很感激丈夫對她的愛和關心，而且這份愛從結婚到現在已經快 20 年了，沒有一絲一毫的變化，這簡直是太難得了。他們自己的體會就是彼此心裏都在感激、感恩對方，一直抱着一種報答對方的心態，所以，兩人感情一直很好，對對方沒有一絲不滿。看來這是修煉好婚姻的第一大訣竅——感恩對方。

二、成為對方缺點的彌補者

妻子說他們兩個也不是沒有矛盾的，兩人都有自己的缺點。妻子屬那種性格大大咧咧的人，丈夫反倒是心很細的人，所以，粗活重活一般都歸妻子幹，她的身體畢竟比丈夫的好；細活小活一般都由丈夫幹。由於兩個人的性格不同，即使是家務有分工，兩人有時也會出些小問題，一開始彼此會有些埋怨，後來妻子發現，丈夫不再批評自己了，而是會去把自己沒幹好的那些事情做好。譬如，妻子好隨手亂扔東西，一直不太講究生活的秩序，而丈夫是個很講究秩序的人，他發現說了妻子幾次根本不起作用，於是便不說了，而是順手把妻子沒

做好的事情做好、做完。妻子慢慢也發現了這個問題，反而有點內疚，雖不太容易徹底改變，但對丈夫能如此包容自己，甚為感激。

在這個問題上，丈夫是這樣回答的：每個人身上的小毛病是不好改的，既然妻子有這些小毛病改不了，那就這樣吧，他幫着收拾就行了，又不是甚麼大事，這和人家把一生都交給自己相比，簡直是芝麻和西瓜的區別呀。丈夫從這件小事之後便不再對妻子的所謂毛病指手畫腳了。大家聽明白了嗎？夫妻之間一定要優勢互補，這是婚姻的第二條修煉之道。

三、心裏一直在想着對方

這是最難能可貴。妻子說他們兩個的情況可能比較特殊，畢竟丈夫是個殘疾人，行動不方便，所以，妻子在丈夫身上的用心應該比一般夫妻多很多。大家可能想不到，丈夫上個廁所都比正常的人要費很多事，平常炒菜、做飯也需要妻子的幫助。也可能受妻子每時每刻都在想着自己的影響，丈夫也是如此對待妻子的。就拿丈夫住院回來給妻子做飯這件事來說吧，丈夫是這麼想的，妻子是個很不會照顧自己的人，她自己在家裏可能連頓像樣的飯也不會做，能湊合就湊合了。妻子為了多掙點錢去地下通道拉琴，早上、中午肯定吃不好，他很心疼，說妻子是根本不管用的。所以，他只能冒着被大夫和妻子數落一頓的風險，偷偷回家給妻子做點飯。雖然最後被大夫發現了，也被妻子狠狠罵了一頓，可他覺得很值。大夫和同寢室的病友知道真相以後都對他大加讚美，對他們的婚姻好生羨慕！

四、有話好好說，主動承擔責任

　　兩個人過日子不可能從來都不鬧矛盾，這對夫妻也經常會因為一些小事鬧意見，但他們處理矛盾的方式非常科學，就是有話好好說。妻子脾氣比較急，一遇到點小摩擦就着急上火，丈夫雖然身體有殘疾，卻像個頂樑柱一樣，遇到一些重大的事時，一定會站出來承擔責任，為全家遮風擋雨。因此在全家人眼裏，丈夫是個非常偉岸的大男人、大丈夫！

　　有一次，兩個孩子在不大的空間裏圍着爐子轉，一個跑，一個在後邊追。妻子大聲呵斥了幾次，兩個孩子也不聽，結果悲劇發生了，兒子跑得過快，把爐子上的煙筒拽倒了，煙筒又把爐子上的燒水壺碰了下來，一壺熱水濺到了兒子的身上，好在是冬天，孩子穿的衣服不少，但臉、脖子和手上都被燙傷了。妻子急得不知所措，孩子疼得哇哇大哭，這時丈夫連拐都來不及拄，一瘸一拐地跑過來，一把就把孩子抱起來，一面安慰燙傷的孩子，一面安撫受到驚嚇的妻子，後來又帶着孩子去了醫院，傷情處理得很及時，沒有留下太大的隱患。但這件事過後，丈夫把爐子的位置調整到了牆角上，一再說是自己的責任，是自己考慮得很不周到，也安慰妻子別再怪罪孩子了。類似這樣的小事情在家庭生活當中有很多，丈夫從來不推卸責任，總是把第一責任攬到自己身上，他說因為自己是一家之主，很多責任不能歸到妻子和孩子的身上。這是修煉好婚姻的又一個大訣竅：有話好好說，主動承擔責任。

　　其實，修煉好婚姻還有很多方法，但不管怎麼說，彼此間相互尊重、相互感恩、優勢互補、心繫對方、友愛相處都是十分重要的。我們每個人都想擁有一個幸福的婚姻、和諧的家庭，其實只要我們堅守我們的愛，認真對待自己身上的一些不足，努力改掉自身的毛病，相信我們一定會擁有幸福的婚姻，就像這個故事裏的男女主人公一樣，今生今世、來生來世與自己的配偶永遠都做最最幸福的好夫妻！

幸福婚姻學 教你如何修煉婚姻的30堂課

編著
宋家玉

責任編輯
周宛媚

封面設計
Chan Chui Yin

美術設計
Nora Chung

排版
辛紅梅

出版者
萬里機構出版有限公司
香港鰂魚涌英皇道1065號東達中心1305室
電話：2564 7511
傳真：2565 5539
電郵：info@wanlibk.com
網址：http://www.wanlibk.com
　　　http://www.facebook.com/wanlibk

發行者
香港聯合書刊物流有限公司
香港新界大埔汀麗路36號
中華商務印刷大廈3字樓
電話：2150 2100
傳真：2407 3062
電郵：info@suplogistics.com.hk

承印者
中華商務彩色印刷有限公司
香港新界大埔汀麗路36號

出版日期
二零一九年七月第一次印刷